블루 베이컨

프랜시스 베이컨의 파란색과 함께 통과하는 밤

BLEU BACON

미술관에서의 하룻밤

블루 베이컨

프랜시스 베이컨의 파란색과 함께 통과하는 밤

야닉 에넬
이재형 옮김

▪ 일러두기

- 이 책은 Yannick Haenel의 《Bleu Bacon》(Stock, 2024)을 우리말로 옮긴 것이다.
- 본문에 나오는 도서·그림의 제목은 원제목을 번역 표기하는 것을 원칙으로 하되, 국내에 번역 출간 및 소개된 작품은 그 제목을 따랐다.

필리프 솔레르스를 추억하며

"관능, 그것이야말로 우리가 원하는 모든 것이다."

—프랜시스 베이컨

차례

1

성소

문이 닫히고 목소리가 들렸다. 나는 혼자가 될 거라는 말을 들었었다. 그래서 고독을 꿈꾸었는데, 그곳에 누군가가 있었다. 그 목소리가 가까이 다가오더니 내게 말했다. "성소의 깊은 곳으로 들어가라." 나는 문 쪽으로 돌아섰다. 여기서 나갈 시간이 아직 있었다. 나를 여기로 데려온 사람들이 아직 멀리 가지 않았을 테니 칸막이 너머로 부르기만 하면 그들이 나를 해방시켜 줄 것이다. 그런 생각을 하면서도 나는 미소 지었다. 왜 도망친단 말인가? 몇 년 전부터 이 순간을 기다려왔고, 오늘 밤을 프랜시스 베이컨의 그림과 함께 보낼 준비를 했는데 말이다. 어떤 사람의 목소리가 내게 명령한다고 해서 이 기회를 포기할 수는 없는 것이다. 어쨌든, "성소의 깊은 곳으로 들어가라"라는 말이 완전히 터무니없는 것은 아니다. 내가 방금 문턱을 넘었으니 그들이 나더러 계속해서 가라고 말하는 건 너무 당연한 일이었다.

나는 자기가 탈 기차가 정차할 플랫폼에 제대로 서 있는 건지도 모르는 여행자처럼 코트 차림에 작은 가방을 든 채 넋이 나간 듯 꼼짝 않고 서 있었다. 빛이 눈부시게 환했다. 네온 형광등이 내 주위에서 반사광을 교환하는 그림들을 으스러뜨리고 있었다. 눈에 보이는 거라곤 반사광의 빛과 부서진 빛의 반점들, 크고 불투명한 불꽃, 그리고 그 한가운데에 잘려나가 흔들리고 있는 내 실루엣뿐이었다.

나는 내가 프랜시스 베이컨 전시회에 와 있다고 생각했지만 그 사실을 확신할 수 없었다. 그림은 분명히 벽에 걸려 있었지만, 내 눈에는 그게 보이지 않았다. 그림이 걸려 있어야 할 자리에 마치 거울들이 모여서 빈 이미지를 확대한 것처럼 흐릿한 부재만 반짝이고 있었다. 머리가 빙글빙글 돌고 열이 나고 눈이 얼얼해지기 시작했다. 무엇보다 어디서나 찾아와 단도처럼 깊이 박히는 흰 반점들이 내 눈 속에서 버석거리게 만드는 편두통이 두려웠다. 공간이 내 주위로 뒤틀렸다. 바로 그 빌어먹을 안과적 편두통이 시작되어, 나는 곧 쓰러질 것 같았고 바로 누워야만 했다.

비틀거리며 중앙 복도를 향해 걸어갔다. 내가 누울 간이침대가 거기 놓여 있다는 걸 알고 있었다. 좌우에 걸려 있는 그림들이 산성 네온 불빛을 발하고 있었다. 모든 것이 둘로 나뉘었다. 흔들흔들 걸었다. 저녁에 전시회장 지도를 받아 코트 주머니에 슬쩍 집어넣으며 생각했었다. '혹시 뭐 잘못되더라도 이 지도를 펼쳐보면 되겠지.' 국립 현대미술관 관장은 지도에 자신의 휴대폰 번호를 적어주며 "만일의 경우를 위해서요"라고 말했었다. 만일의 경우를 위해서라고? 뭐 무슨 무서운 일이라도 생긴다는 건가? 내가 정확히 뭐와 맞설 거라는 거지? 괴물과? 물론 프랜시스 베이컨의 그림은 보는 사람의 마음을 편하게 해주는 그림이 아니다. 나는 당연히 나의 밤이 그다지 편치 않을 거라고 생각했다.

그러니 싸움을 두려워해야 할 수도 있다.

여덟 개의 방이 있었는데, 이집트 무덤 같은 방식으로 미로처럼 배치되어 있었다. 똑같이 생긴 방들이 서로 마주 보고 있었고, 가운데에는 꼭 거울에서처럼 방들을 나누는 복도가 있었다. 나는 이 복도까지 가려고 애썼다. 이제 곧 왼쪽으로 돌아서야 한다는 것을 알고 있었다. 죽은 뒤에 중간계에서 진화하는 입문자로 허공에 던져지거나 다시 빛을 찾기를 기다리며 연옥의 구절을 혼잣말로 읊조렸다. 나 자신에게 말했다. "왼쪽으로 돌아 벽을 따라가라 / 샘을 발견하고, 시력을 되찾을 것이다."

내가 아무것도 보지 못한 채 걸어 나가자, 하얀 점들이 내 눈 속에서 갈라지고, 마치 누군가가 내 이마에 구멍을 뚫는 것처럼 날카로운 통증이 느껴졌다. 이 구멍 속에 빠지지 말아야 했다. 매번 이 편두통이 나를 파괴해서 내가 더이상 존재하지 않는 그 세계로 빨려 들어가는 것이 두렵다.

눈꺼풀이 타는 것 같아서 눈을 감고 왼쪽으로 돌아

섰다. 나는 이제 중앙 통로에 서 있었다. 마치 불꽃을 뿜어내는 듯 강렬한 빛이 그림에서 뿜어져 나왔다. 나는 생각했다. 그림은 어둠 속에서도 쉬지 않고 밤을 밝힌다고. 장애물에 걸리지 않으려고 두 팔을 뻗어 더듬거리며 앞으로 걸어갔다. 나는 《파라오의 지혜의 책》에 나오는 "온유한 사람은 장애물을 뚫는다"라는 구절을 자주 되새긴다. 하지만 이날 밤은 과연 온유함만으로 충분할지 확신이 서질 않았다.

그 10월 밤, 나는 퐁피두 센터에서 눈먼 사람처럼 걷다가 터무니없는 상황에 놓이게 되었다. 왜 나는 항상 혼란에 빠져야만 하는가? 나는 내가 행복한 체험을 하게 되리라고 생각했었다. 청소년기부터 베이컨을 사랑했고, 그의 그림을 이번 기회에 온전히 내 것으로 삼을 생각이었다. 그의 그림을 한 점씩 천천히 감상하고, 그렇게 그의 그림과 함께 시간을 보내고 싶었다. 그의 그림을 더 잘 보고 싶었다. 기쁨을 기대했고, 변화를 바랐다.

하지만 전혀 그렇지 못했다. 나는 빛이 없는 곳에서 유죄를 선고받은 자처럼 비틀거리며 지옥 한가운데에 있었다. 머릿속의 불이 꺼지기를 기다리며 간이침대에 잠시 누워 있으려고 했다. 항상 지니고 다니는 트라마돌은 약효를 발휘하기 시작하면 세 시간에서 네 시간은 지속되었고, 이 알약을 먹으면 잠이 들었기 때문에 나는 미술관에서 잠을 좀 자며 밤을 보낼 생각이었다.

간이침대로 다가가자, 아까 그 목소리가 다시 들려왔다. 목소리는 더 또렷하고 더 강압적이었다. 문장이 마치 판결문처럼 내게 떨어졌다. "도살장은 저주를 받았노라 / 죽은 것도 아니고 살아있는 것도 아니고, 나는 아무것도 몰랐다네 / 그들의 눈에서 공포의 헌주獻酒가 흘러나오는구나."

머리가 터질 것 같았고, 침대에 도착하기도 전에 기절할까 봐 두려웠다. 미술관 관장에게 전화하는 게 좋지 않을까? 아니면 소방관들에게 알리든지. 그들도 내게 비상용 전화번호를 남겼다. 그들에게 도움을 요청하면 미술관 관장을 귀찮게 하지 않아도 될 것이다. 소방관들은 밤 동안 이 근처 보부르 동네 어딘가에 있다가 내게 작은 문제라도 생기면 즉시 출동해서 도와줄 거라고 말했다. 그러나 나는 베이컨과 그의 그림에만 집중했고, 그 그림들을 온전히 나만의 것으로 만들 수 있다는 기쁨에 그들의 말을 건성으로 들었다. 그런데 그들이 정말로 내게 전화번호를 줬던가? 나는 번호를 받아 적은 적이 없는데. 아, 아니다. 이제 생각났다. 그들은 전시회장 입구의 벽에 설치된 상자 안에 "응급 구조대와 직통으로 연결된" 붉은색 전화기가 들어 있다고 내게 알려주었다.

하지만 나는 거기까지 다시 돌아갈 힘이 없었다. 그리고 소방관들에게 뭐라고 얘기한단 말인가? 내가 아프니 여기서 나가게 해달라고? 다른 사람에게 의지하지 않고 상황에 맞서야만 한다. 베이컨은 자기를 바라보는 사람에게 이렇게 하도록 유도한다. 즉, 그 사람의 두 눈을 가위로 자른다. 내가 지금 앓고 있는 편두통은 우연히 생긴 것이 아니다. 전시장에 들어오기 전에는 머리가 맑고 몸 상태도 좋았으며 미술관 관장과 복도에서 농담까지 나누었다. 관장은 나와 악수를 하며 일화 하나를 들려주었고, 우리는 함께 웃었다. 그때까지는 마음이 편했었는데, 베이컨의 그림이 나를 불편하게 만들었다. 문턱을 넘고 문이 닫히자마자 그의 그림이 내 시야를 흐리게 한 것이다.

그렇지만 나는 패배를 인정하지 않을 것이다. 몇 년 전부터 이 순간을 기다려왔다. 앞이 보이지 않더라도, 편두통이 밤새 지속되더라도, 머물러야만 했다. 내가 느끼는 불편함은 경험의 일환이었고, 베이컨이 내게 불러일으킨 효과였으며, 정확히는 그의 그림이 내 신경에 미친 영향이었다. 그리고 내가 전시장에 들어선 이후로 음울한 목소리로 저주를 되풀이한 사람은 바로 그였다. 베이컨이었다. 그의 그림이 내게 직접 말을 걸었고 내 머리를 겨냥했다.

나는 복도 한가운데 쭈그리고 앉아 가방을 마구 뒤졌다. 물병, 트라마돌…, 두 알을 삼켰다. 하지만 곧바로 후회했다. 두 알이면 편두통은 사라지겠지만, 대신 잠에 빠지고 말 것이다.

그건 분명히 잘못된 판단이었다. 이번에도 겨우 살아나올 수 있었다. 나는 거기서 빠져나오기 위해 해야 할 일을 했다. 출구가 막히고 더이상 견디지 못할 상황이 되면 나는 안과적 편두통을 앓는다. "무無의 경보종." 카프카의 어딘가에 그런 것이 있다. 수술실에서 수술대에 묶인 채 마취제가 몸속으로 들어가는 것을 느끼는 바로 그 순간처럼, 경보종을 울리는 것 말고는 다른 선택이 없을 때 우리는 미친 웃음에 가까운 무책임함을 느낀다.

　내가 간이침대에 털썩 주저앉았을 때 바로 이런 웃음이 터져 나왔다. 그것은 더이상 참을 수 없는, 터무니없는 자신감에 의지하는 자의 웃음이었다. 내 주변의 공기를 물어뜯고, 물질을 피 흘리게 하고, 원자를 갈가리 찢어버리고 싶었다. 하지만, 편두통은 너무 강력해서 마치 구속복처럼 나를 옥죄었다. 결국은 포기하는 것 말고는 다른 선택의 여지가 없었다. 하지만 때로는 낙담이 유머로 이어지기도 한다. 위태로운 순간에 정말 터무니없는 자신감이 나를 고양하는 것이다.
　그 어느 것에도 신경 쓰지 않는 지점에 빠르게 도달한다. 그것은 단지 절망 때문일까? 금이 간 거울처럼 두 조각 사이에 틈이 열린다. 이 선을 향해 손을 내밀어 보라. 모든 것이 사라지고 모든 것이 구원된다. **휴식은 우리를 두 배로 환영한다.**
　이 기묘함을 어떻게 설명해야 할지 모르겠다. 시간

이 지나 점점 더 빠져나오기가 힘들어지는 영역으로 들어가자, 출구가 미로와 동시에 열리기 시작했다. 이 출구는 결코 동일하지 않지만 탁 트인 각도에서는 특별한 빛을 받아 불그스름하게 빛난다. 나는 그 붉은색 점선을 보고 그것이 출구라는 걸 안다.

그래서, 마치 자기가 왕이라고 생각하는 미친 사람처럼, 나는 놓아버린다. 자신감은 조용히 이루어지는 대관식이다. 전락轉落의 와중에서도 나는 여전히 왕이다. 그리고 심지어는 중요한 경험을 하다 최악의 순간을 맞아 간이침대에 주저앉아서도 왕관을 굳게 붙잡고 있다.

베이컨을 생각했다. 이런 종류의 아이러니가 그를 기쁘게 했을 것이다. 왕관을 쓰고 있다가 매일 밤 왕좌에서 떨어지는 화가가 있다면 베이컨이 바로 그런 화가였다. 하지만 그가 아무리 술집에서 만취하고 카지노에서 광란의 시간을 보내더라도 그는 여전히 왕이었다. 나는 그가 이처럼 과도한 행동에 몰두했기 때문에 더욱더 왕이었다고 생각한다.

자유가 무한할 수 있는가? 내 눈에 프랜시스 베이컨은 셰익스피어의 작품에서 강도 친구들과 함께 오두막

집에서 밤새도록 흥청망청 먹고 마시는 젊은 영국 왕위 계승자 헨리 5세처럼 보였다. 술을 마시느라 바쁘든, 아니면 그림을 그리느라 바쁘든, 베이컨은 영웅이었다. 그는 결코 자신의 욕망을 포기하지 않았다.

나는 간이침대에 누워 그의 가장 유명한 그림을 생각했다. 벨라스케스의 그림에 등장하는 교황이 안락의자에 앉아 마치 감전된 것처럼 비명을 지르는 작품. 런던의 리스 뮤즈 거리에 있던 그의 아틀리에의 끔찍한 무질서에 대해 생각했다. 그는 이 전쟁터 한가운데에서 그림을 그렸다.

1964년 스위스 라디오 텔레비전 방송국이 제작한 필름을 보면, 그의 그림들이 격렬하게 원무를 추며 그의 주위를 맴도는 동안, 베이컨이 샴페인 잔을 손에 들고 스튜디오 안을 비틀비틀 돌아다니며 언어적 위반 행위를 되풀이하는 모습이 나온다. 나는 청소년기가 끝날 무렵 이 필름을 보고 매료되었다. 30년 뒤에 내가 베이컨의 작품들로 꽉 찬 미술관에 혼자 있게 된 것은 그의 그림이 불러일으킨 변함없는 충성심 때문이다.

지금 나는 떨고 있다. 담요를 덮고 코트로 몸을 감싼 채 이마에 두 손을 얹었다가 마치 누워있는 조각상처럼 가슴 위에 교차시켰다. 나는 이제 두 눈을 감고 돌의 영원함 속에서 잠들 것이다.

내가 마지막으로 간이침대에서 잠을 잔 것은 열두 살 때였다. 니제르 북부 테네레 사막, 아가데즈로 가는 길에서였다. 아프리카에서는 밤이 일찍 찾아왔고, 아버지는 군사 용어로 '피코 침대'라고 부르는 간이침대를 우리 각자에게 하나씩 펼쳐주었다. 우리는 르노4L 자동차 뒤에 쳐놓은 텐트 아래에서 별을 보며 잠을 잤다.

그날 밤을 테네레 사막에서 보낸 이후로 나는 '간이침대'라는 단어를 모래와 연관시킨다. 나중에 편두통이 진정되고 난 후 다시 일어나면 베이컨이 그린 모래언덕을 발견할 것이고, 그림을 뒤덮고 있는 그 사막에서 나는 내 집처럼 편안함을 느낄 것이다.

트라마돌이 효과를 나타내려면 시간이 걸린다. 가장 바람직한 것은 더이상 생각을 안 하는 것이다. 무슨 생각이라도 하려고 하면 바로 고통이 느껴져서다. 하지만 특히 오늘 밤에는 모든 게 혼란스럽고 엉망진창이라는 생각에 화가 치밀어 오르는데 어떻게 생각을 멈출 수 있단 말인가?

데이비드 실베스터와의 인터뷰에서 프랜시스 베이컨은 그림을 그린다는 것은 곧 살아있는 사람을 잡기 위해 덫을 놓는 것이라고 말했다. 나는 어떤 함정에 빠진 것일까? 그림을 그리는 것도, 글쓰기와 마찬가지로, 우리가 더 자유로워질지 아니면 갇혀버리게 될지 알 수 없는 곳으로 우리를 데려간다. 오늘 밤, 내가 한 번도 본 적 없는 그림을 볼 수 있다는 기대감과 함께 내게 새로운 자유가 약속되었다. 그리고 이제 모든 것이 어둠으로 변했다.

그러고 나서 나는 간이침대에 누워 더이상 에리니에스들이 하는 말을 듣지 않으려고 애썼다. 왜냐하면 처음부터 계속해서 포효하고 있는 것은 바로 그리스 비극에서 오레스테스가 자기 어머니를 죽이자 그를 계속 쫓아다니며 못살게 굴었고, 베이컨을 평생 끊임없이 괴롭혔던(그런데 그가 무슨 죄를 저질렀단 말인가?), 그 복수심에 불타는 수호신들이었기 때문이다.

어이가 없고 놀랍기도 했다. 하지만, 지금 그들이 상

대하는 건 바로 나다. 왜 그러는지 이유는 모르겠지만 (어쩌면 나는 그 이유를 이해하고 싶어 하지 않는지도 모른다), 그들은 처음부터 내가 그림을 보지 못하도록 막았고, 아마도 거기서 멈추지 않을 것이다.

나는 그들이 어둠 속에 숨어 있다가 전시장 입구에서 제물도 없이 무심코 문턱을 넘어선 방문객에게 달려드는 모습을 상상했다. 그들이 말했던 문장은 이 점을 분명히 밝혔지만, 나는 그 문장을 끝까지 제대로 듣지 않았다. "제물로 뒤덮인, 성소의 깊은 곳으로 들어가라."

나는 손전등과 조르주 바타유의 책, 그리고 글을 쓰는 데 필요한 것 외에는 아무것도 가져오지 않았다. 나는 또 배낭 밑바닥에 작은 술병을 스카프로 싸서 숨겨 놓았다. 두통 때문에 술을 마시고 싶은 생각은 조금도 없었다. 하지만, 오늘 밤 혹시라도 무슨 안 좋은 일이 생기면 적어도 그들에게 술을 따라 바칠 수는 있을 것이다.

한 남자가 접시 위에 머리를 올려놓은 채 긴 보라색 카펫 위를 걷고 있는 베이컨의 그림이 있다. 나는 이 그림을 첫 번째 전시실에서 보았다. 그 순간, 나는 더이상 아무것도 볼 수 없었다. 하지만 나는 이 그림을 보았고, 즉시 이 희생의 이미지를 받아들였다. 피로 가득 채워져 있으며 썩은 고기를 먹는 자들이 그걸 내려다보고 있는 단지의 끔찍하고 역겨운 디테일이 내게 충격을 주었다. 이 썩은 고기를 먹는 자들이 바로 에리니에스들이었고, 그 안에 있는 모든 것들이 내게 이렇게 말했다. "넌 대가를 치러야 해."

사실 나는 그것이 정상적이라고 생각했다. 거의 30년 전 책을 쓰기 시작하면서 나는 희생을 요구하는 길로 들어섰다. 이 희생이라는 단어는 터무니없고 심지어 과장되어 보일 수 있지만, 이보다 더 논리적인 단어는 없다. 글쓰기에 열중하다 보면 미지의 빛으로 향하는 문을 열고 들어가게 된다. 문장들이 기묘한 풍경을 드러내 보여주는 이 나라에 발을 들여놓으면 비밀이 주어진다. 당신에게 주어진 모든 것은 어떤 대가를 의미하며, 이 대가가 없으면 내가 발견한 것은 무의미해질 것이다. 따라서 글쓰기는 필연적으로 내게서 무언가를 빼앗아간다. 그 무언가는 아마도 내게 빛이 제공되는 대가로 내게서 벗어나 불타오르기 시작하는 나의 일부일 것이다. 괜히 내가 정기적으로 터무니없는 상황에 놓이는 것이 아니다. 나는 멀리 있는 것을 찾아 글을 쓰면서 앞으로 나아간다. 만일 내가 길을 잃거나 비틀거리거나 쓰러진다면, 그런 여행에는 대가가 따르기 때문이다.

열두 살쯤 되었을 때, 나는 서아프리카의 니아메에서 매일 오후 즐거움에 이끌려 작은 잡기장 위에 몸을 숙이고 글씨를 써 내려가기 시작했다. 그러나 내가 깨닫지 못한 사이에 더 위협적인 다른 무엇인가가 문장 속으로 스며들었다. 나의 활력은 그것이 도망가고 있다고 생각했던 바로 그 대상을 무의식적으로 옮기고 있었다.

나는 오전에만 수업을 받았고, 점심 식사를 마친 뒤에 모두가 낮잠을 자러 각자의 방으로 들어가면, 햇빛과 다른 사람들의 시선을 피해 드디어 내가 자유로워졌다고 느껴지는 무한한 오후 속으로 빠져들었다. 방에 들어서면 내 마음은 모순적 힘들에 노출되었고, 나는 그것들이 싸우는 걸 보며 열광했다.

선풍기 날개가 천장에서 면도날처럼 돌아갔다. 카세트테이프 레코더의 재생 버튼을 누르자 "이것이 끝이야, 내 유일한 친구, 끝이야"라고 갈라지고 웅얼거리는 목소리가 부르는 노래가 흘러나왔다. 나는 책상 앞에 앉아 서랍을 열고, 거기서 지역 신문과 부모님이 구독하신 영화 잡지에서 조심스럽게 오려낸 사진과 그림이 붙어 있는 공책을 꺼냈다. 잡지는 프랑스에서 배로 보내면 도착할 때도 있고 그렇지 않을 때도 있었기 때문에 한층 더 조바심을 내며 기다렸다.

야자수나 회교 사원의 첨탑, 천사의 얼굴에 풍만한 몸매를 가진 아름다운 젊은 여배우들의 젖가슴 등을 찍은 사진들의 설명문을 몇 시간씩 쓰던 나는 꼭 쓰고 말겠다는 결심도 하지 않은 채 이상한 소설을 쓰기 시작했다. 소설에서 나는 내 방에서의 생활과 선풍기, 카세트 녹음기, 르노4L 자동차를 타고 테네레 사막을 여행한 일, 그리고 어린 시절의 행복함과 불안함을 담은 내륙 아프리카(이 아프리카에서는 태양이 나의 하루를 눈멀게 하여 그것이 모순된 운명처럼 보이게 만들었다)에 관해 얘기했다. 어둠은 나를 보호하면서 유령의 세계로 데려갔다.

종이에 늘어놓는 문장 속에는 항상 희미한 빛이 쌓인다. 열두 살 나이에 빈약한 환상을 품으면서 나는 단어들 속에 마법이 존재한다는 것을, 마법을 부리면 두려움이 사라진다고 믿지만, 실제로는 그것이 더 분명해지는 애매함에 접근한다는 사실을 깨달았다. 단어들을 짜 맞춤으로써 우리는 정원과 뱀을 모두 발견한다. 글쓰기는 낙원으로 통하는 문을 다시 열어주면서 동시에 거기에 독을 주입한다.

2

아프리카의 방

40년이 지난 후에도 나는 여전히 간이침대에 누워 어둠 속에서 괴물들과 싸우고 있었다. 눈이 먼 나는 뱀이 내 정원을 삼키는 것을 보았다.

아무 생각 안 하면 더 좋았을 텐데, 아무 생각 안 하려고 애쓰다 보니 그 방이, 아프리카에서 보낸 내 어린 시절의 성소가 생각났다. 그 목소리는 나에게 성소의 깊은 곳으로 들어가라고 명령했고, 나는 그 명령을 따랐다. 2019년 퐁피두 센터 미술관에 누워있던 나는 1979년에는 내 방에서 글을 쓰고 있었다.

나는 내 머리 주변에서 소용돌이치는 생각들을 손으

로 쫓아냈다. 그 생각들 때문에 몸이 안 좋아지고, 그로 인해 마음이 불안해져서 알약이 효험을 발휘하지 못할까 봐 두려웠다. 그러나 그 생각들은 하나씩 차례로 떠오르더니 내가 이마를 천으로 덮었는데도 내 머리의 모든 벌집 구멍 속으로 침투하는 데 성공했다.

'벌집 구멍'이라는 단어가 떠오르는 순간 허먼 멜빌이 흰고래에 대해 했던 말("신비로운 벌집 모양의 머리 내부")이 생각났고(정말이지, 나는 그걸 생각하고 싶지 않았지만 내 뜻대로 되지 않았다), 그의 이 말을 처음 읽었을 때 나는 소설을 쓰고 싶다는 욕망을 품게 되었다. 나는 쓰고 싶어 했던 소설을 썼다. 하지만 오늘도 여전히 내 머리는 신비롭게 벌집 모양인가? 오늘 밤, 나는 그것을 의심한다. 편두통이 얼마나 심한지 두개골이 깨져버릴 것 같았다. 솔직히 말해서 내 고통은 벌집 모양도 아니었고 심지어는 신비롭지도 않았다.

나의 아프리카 방에 있을 때 나는 눈에 안 보이는 인물들에 둘러싸여 있었다. 내게 잘해주려는 사람들과 내게 해를 끼치려는 사람들이 구분되지 않았다. 나는 호의적인 영과 적대적인 영이 섞여 있다는 것을 막연하게 느꼈다. 그리고 매일 오후 글을 쓰기 시작할 때뿐만 아니라 매일 밤 잠자리에 들기 전에도 나는 그렇게 뒤섞여 있는 그들을 구분하려고 애썼다.

나는 내 강박증이 어디서 비롯되는지를 알아냈다. 그것은 방의 천장에서 회전하고 있는 네 개의 선풍기 날개였다. 나는 선풍기 날개의 위협을 헬리콥터 날개와 연관시켰다. 만일 그중 하나가 떨어져 나가면 그것은 마치 프로펠러처럼 계속 회전하면서 내 방의 대기를 통과한 뒤에 내 책상에 도달하여 내 머리를 잘라낼 것이다. 나는 머리가 잘린 채 책상에 앉아 오른손에 펜을 들고 계속 글을 쓰고 있는 내 모습을 보았다.

그리고 나는 옷장 안에 누군가가 있다고 확신했다. 그 피조물은 장롱 속에서 몸을 웅크린 채 움직이고 있었다. 그것은 나를 덮치기 위해 옷걸이 뒤에 숨어 날이 어두워지기를 기다렸다. 눈을 감을 엄두가 나지 않았다.

외로움을 달래기 위해 나는 창문을 통해 반짝이는 파피루스와 월계수에게 호의를 베풀어달라고 빌곤 했다. 하지만 악몽을 피하려면 더 많은 것이 필요했다. 일련의 동작을 취하고 **의식을 시작해야 했다.** 오직 정기

精氣만이 망령을 쫓아낼 수 있다. 내가 불러낸 것은 바로 정기였다.

나는 벽 쪽으로 시선을 돌렸다. 두 개의 흑단 가면 사이에는 똑같이 눈을 감은 여자의 머리와 남자의 머리가 있었다. 붉은색 실로 둘러싸인 황금색 액자 속에 분홍색과 파란색 섬광이 얼굴에 번쩍이는 생물체의 초상화가 담겨 있었다.

그 생물체의 덥수룩한 머리는 여우의 그것처럼 붉었고, 두 눈은 두 개의 가면처럼 감겨 있었으며, 안색은 창백했다. 나는 그가 신이라고 단정하고 그를 창백한 여우라고 불렀다. 그것은 수많은 하이틴 잡지 한가운데에 스테이플러로 고정하고 4등분하여 접어 넣은 흔한 포스터지만, 나는 신에게 하듯이 정성 들여 액자에 넣고 장식을 했다.

이 벽은 나의 신성한 절벽이었다. 거기에 걸려 있는 세 개의 머리는 토템을 상징한다. 그런데 만일 내 책상과 내 침대, 내 침실 전체가 제단을 구성한다면, 제물을 바칠 사람이 나 말고 또 누가 있겠는가?

분명히 나는 그 당시 창백한 여우가 도곤족의 신이라

는 사실을 모르고 있었다. 하지만 검은 아프리카 사람들이 믿는 종교에 관한 작은 백과사전(나는 글을 쓰기 위해 이 사전의 내용을 나의 몽상과 뒤섞었다)을 가지고 있었으므로 나는 말리에 사는 도곤족의 우주발생론에서 이 반항적인 신이 친자 관계에서 벗어나 홀로 존재하기 위해 자신의 태반을 찢었다는 글을 필시 읽었을 것이다.

그의 아버지는 즉시 그가 말을 하지 못하게 만들고 그를 여우로 둔갑시켜 버렸다. 질서와 권위를 따르지 않은 이 생물체는 벙어리가 되어 목말라하면서 사막을 떠돌아다녔다. 그리고 그는 말을 할 수 없었기 때문에 글을 썼다. 매일 밤 그의 발은 모래 위에 미래를 예언하는 흔적을 남겼다.

나는 내 여우가 자기 뜻대로 행동해서 좋았다. 그는 인연을 끊음으로써 스스로 자유로운 영역을 개척했다. 나처럼 그도 혼자였고 글을 썼다. 내 공책에는 그의 사막이 그려졌고, 나는 그곳에서 내 욕망의 뒤엉킨 고랑을 추적했다.

그때 나는 침묵 그 자체였다. 모든 말은 내 입술에서 나오면 바로 분해되어버리는 것처럼 느껴졌다. 음절을 만드는 것은 아무 쓸모가 없고 고통스러울 뿐만 아니라 신성을 모독하는 것 같았다. 나의 침묵은 신성했다. 그것은 내 방에 오직 나의 글만이 열쇠를 가진 보물을 넣어둔 다음 빗장을 질러 잠갔다.

나는 신봉자처럼 내 벽을 응시했다. 그러면서 이 적갈색 머리의 외계 생물체와 함께 신비에 접근했다. 나는 시인 랭보처럼 나 자신에게 이렇게 말했다. **그는 어쩌면 삶을 바꿀 수 있는 비밀을 알고 있을지도 몰라.** 그리고 그의 눈이 감겨 있는 걸 본 나는 그가 자신의 내면을 보고 있다고 상상했다. 죽은 자들은 눈꺼풀 속에 살고 있는 게 아닐까? 그래서 여우는 보이지 않는 세계와 소통했고, 나의 벽은 마치 창문이 열리듯 죽은 자들을 향해 열렸다.

반대편에 도달하고 싶었다. 하지만, 두려움이 나를 가로막았다. 나는 눈꺼풀 뒤에서 열리는 심연 속에 빠지고 싶지 않았다. 그래서 내가 혼자 니제르에서 오후에 긴 시간을 보내며 불안을 헤쳐나가기 시작한 것은 바로 여우를 불러내면서부터였다.

의식을 시작하기 위해 나도 그처럼 눈을 감고 내 책

상의 모서리를 손가락으로 두드렸다. 유령 같은 냄새
라고 상상했던 향기가 풍기면서부터 녹음기에서 흘러
나오는 목소리는 더 커졌다. **"이것이 끝이야, 내 유일
한 친구, 끝이야."** 마치 술에 취한 듯 목이 차올랐다. 나
는 정상이 아닌 사람처럼 도취되어 허공을 향해 미소지
었다.

그리고 이제 나는 온 정신을 집중시켜 두 손으로 책
상 서랍을 움켜잡은 채 갑자기 눈을 뜨고 천천히 고개
를 벽 쪽으로 돌렸다. 선풍기 바람이 공기를 휘젓자 여
우의 머리를 장식한 가느다란 붉은 실이 이리저리 흔들
렸다. 나는 이 같은 비등沸騰을 즐겼고, 그것은 마음이
즐거움에서 추론된다는 것을 내게 확인시켜 주었다.

그러자 내 시선은 여우의 빨간 머리카락에 닿았고,
나는 거기서 화염 덩어리를 보았다(몇 년 뒤에는 반 고흐
의 자화상이 이 불꽃을 이어받게 될 것이다). 나는 이 덥수룩
한 머리를 불의 시작으로 상상했다. 내 시선은 파란색
과 분홍색 섬광을 따라 천천히 내려가며 이마의 빛나
는 광채를 흡수한 다음 눈꺼풀의 표면을 살짝 스쳤다.
그런 다음 뺨을 두루 돌아다니다가 얼굴 아랫부분까지

미끄러져 내려갔다. 내 눈에는 여기서 이 사랑스러운 흉터의 끝이 별의 화살처럼 반짝이는 것으로 보였다.

Z는 번개를 불러일으키는 연금술 문자다. 나는 이 문자에 열광했다. 이 문자가 우울한 해적과 왕자들이 하고 다니는 선택의 표시라는 생각이 들었다. 문자 속에서 살 수 있을까? 이 Z까지 이동하여 그 다채로운 풍경 속을 계속 걸으며 분홍과 파랑 속으로 빨려 들어가고 싶었다.

내 시선이 마침내 여우의 목 아래 쇄골 움푹한 곳에 물 한 방울이 맺혀 있는 것을 발견한 순간, 의식이 끝났다.

나는 그 물방울이 좋았다. 그래서 목말라 하는 연인처럼 몽롱한 상태에서 그쪽으로 걸어갔다. 촉촉하고 불투명하며 탐스러운 이 작은 물체가 너무나 마음에 들었다. 나는 이 작은 물체를 수은 구슬로, 우리가 살아 있는 은이라고 부르는 중성 물질로 상상했다.

물과 불은 나를 구원할 하나의 물질로 응축되었다. 그것은 슈퍼맨의 크립톤이었다. 선풍기 날개가 더이상 두렵지 않고, 찬장 속에서 우글거리는 악마들은 더욱더 두렵지 않았다. 죽음은 더이상 나를 해코지할 수 없다.

나는 이 작은 반투명 분홍빛 호수를 향해 입을 내밀었다. 구원은 어디에서 시작되는가? 우리는 구원받을 때 알림을 받는가? 나는 눈을 감고 입을 벌려 **조개 안의 즙을 마셨다.**

40년 후, 베이컨이 그린 그림들 한가운데 누운 채, 가면처럼 눈을 감고 고통이 진정되는 지점에 도달하려고 애쓰다 보니 어둠 속에서 호수가 보이기 시작했다. 그것은 아직은 아주 작고 희미한 빛이었고 금방이라도 꺼질 것 같은 성냥개비의 불꽃에 불과했지만, 그것이 존재한다는 사실에는 의심의 여지가 없었다. 거기에는 편두통과 어둠만이 아니라 호수도 있었다.

밤이 시작되자 그 이미지들은 사나운 짐승처럼 내게 덤벼들었다. 그리고 이 날카로운 불빛들과 깨진 거울 파편들은 내 눈을 뽑아버렸다. 안과적 편두통을 앓으면, 이미지들이 뇌를 점령하여 먹어 치워 버린다.

나는 과연 이 무덤에서 빠져나갈 수 있을까? 프랜시스 베이컨은 "마치 슬라이드처럼 떨어지는" 그림들로 가득 찬 방을 상상하며 몇 시간이고 앉아 있을 수 있다고 말한다. 하지만, 내 머릿속에 떨어진 것은 면도날이었다.

트라마돌이 효과를 발휘하기 시작했다. 이마의 아랫부분이 풀리고, 여전히 식별할 수 없는 고요함이 눈으로 다가오는 것이 느껴졌다.

눈꺼풀 아래 불의 띠가 드리워져 있는데, 타는 듯한 느낌이 진정되면 이 띠는 천천히 파란색으로 변한다. **바로 이 파란색을 향해 가야 한다.** 고통에서 벗어나려면 머릿속에 오아시스를 만들어야 한다. 수정체가 눈 전체에 스며드는 습기로 채워질 때까지 각 신경이 점점 더 잘 연결될 수 있도록 약간의 신선함을 허용해야 한다.

사람마다 각자 편두통을 낫게 하는 자신만의 방법이 있다. 어떤 사람은 자신을 진정시키는 풍경에 집중하고, 또 어떤 사람은 자신을 위로하는 말을 쳇바퀴 돌리듯 되풀이한다. 나는 내 마음속을 돌아다니며 깨끗하게 청소한다. 마치 갈퀴로 낙엽을 긁어모으듯 말이다. 기다리던 샘물이 넘쳐흘러서 머리가 샘물에 적셔지도록 갈퀴로 내 마음의 복도를 말끔하게 치우는 것이다.

베이컨은 데이비드 실베스터와의 인터뷰가 끝나갈 무렵 다음과 같이 신랄하게 말한다. "만약 내가 지옥에 있다면, 나는 여전히 거기서 탈출할 기회가 있다고 생각할 겁니다." 그는 마치 적에게 도전하듯 덧붙인다. "나는 내가 언제든 탈출할 수 있을 거라고 확신합니다."

베이컨의 자신감은 어디에서나 자신의 왕좌가 반짝이는 것을 보는 오만한 왕의 그것이다. 그러한 자신감에는 이의를 제기할 수 없다. 우리는 그것을 믿음이라고 부른다. 나는 내가 이 믿음을 지나치게 많이 갖고 있다고 생각한다. 나는 이런저런 일로 실패를 겪고 좌절했다. 하지만 항상 어딘가에는 물방울과 진주, 샘이 있는 것 같다.

나의 여우에게 도움을 청했다. 하지만 실수로 너무 일찍 눈을 뜨고 말았다. 그 바람에 다시 통증이 시작되어 모든 것을 다시 시작해야만 했다.

그래서 나는 재빨리 다시 눈을 감았다. 그러자 번개가 그 안에서 마치 형제처럼 다정하게 나를 기다리고 있었다. 번개는 내 망막에 무수히 많은 별이 스며들게

했다.

거기서 한 방울이 떨어져 눈물처럼 내 눈을 감쌌다.
즐거움은 물에 젖어 있다. 그것은 이미지를 운반하는
보이지 않는 강에 합류한다. 한줄기 물이 내 생각을 부
드럽게 적시고, 눈꺼풀 아래로 스며들며, 속눈썹 끝에
이슬처럼 맺힌다.

그것은 이제 미끄러져 어둠 속으로 퍼져 나가고, 나
는 내가 이리저리 떠다니도록 내버려 둔다. 거기, 파란
색 같은 것이 있었다. 파란 점 하나가 검은색 한가운데
서 움직이는 것처럼 보인다. 마치 욕조가 비워지는 것
같다. 물이 소용돌이치며 구멍으로 흘러 나를 빨아들
인다.

3

수도꼭지

눈을 떠보니 자정이 조금 넘은 시간이었다. 모든 것이 파랗고 신선했다. 나 역시 신선했다. 통증도 느껴지지 않고 머리도 가벼웠다. 진짜 기적이 일어난 것이다.

나는 팔꿈치로 몸을 지탱하고 조심스럽게 일어섰다. 사람 일은 알 수 없는 법. 너무 급하게 몸을 움직이면 두개골이 다시 깨질 수도 있다.

담요를 밀어내고 간이침대 가장자리에 앉았다. 목도 안 아프고, 어깨도 결리지 않고, 눈도 잘 보이고, 다리도 무겁지 않다.

자, 이제 내가 돌아왔다.

몸을 일으키자 내 얼굴에 파란색이 튀었다. 샘이었을까? 앞에 보이는 투명한 입방체가 수도꼭지에서 뿜어져 나오는 아주 맑은 물로 가득 채워져 있었다. 파란색에는 도저히 저항할 수 없다. 이 색깔이 끓어오르면서 우리를 깨운다.

물은 흘러가면서 더 짙은 파란색을 띠었고, 여기에 분홍색과 흰색 거품이 소용돌이치며 뒤섞였다. 그리고 이 모든 거품은 의심의 여지가 없는 풍만함으로 액자에서 넘쳐흘렀다. 즐거움은 멈추지 않고 저절로 흐르며, 액체 세계도 이와 마찬가지다.

나는 그 모든 파란색이 나를 지켜보고 있었고, 내가 물이 흐르는 수도꼭지 바로 아래에서 자고 있었다는 사실을 깨달았다. 편두통이 그렇게 금방 가라앉은 건 결코 놀랄 일이 아니었다. 분명히 흐르는 물이 내 눈을 적셨고, 나는 두 시간 동안 그림의 호수에서 헤엄쳤다.

이 그림은 〈수도꼭지에서 흘러나오는 물〉이다. 이 작품은 교황 시리즈에 비해 덜 유명하고, 살덩이가 우리 안에서 몸부림치는 베이컨의 다른 모든 작품보다 덜 표현적이다. 어떤 외침도 캔버스 표면을 찢지 않는다. 어떤 몸도 캔버스 표면에서 움직이지 않는다. 오직 파랑만 있을 뿐이다.

베이컨의 모든 것이 강렬하고 극적이며, 미셸 레리스의 말을 빌리자면 "극단적인 순간의 경련"에 속하지만, 여기서는 격렬한 분출 외에는 아무 일도 일어나지 않는다. 오직 물만 흐르며 공간을 채운다. 하지만 마치 파란색이 그의 튜브 물감에서 곧바로 나오기라도 하는 것처럼, 마치 베이컨이 그림을 그릴 때 실현하는 것을 한 번의 명확한 제스처를 통해 드러내기라도 하는 것처럼, 그림 자체가 하나로 합쳐진다. 솟아나는 것, 그것이 그림이다. 베이컨은 이 그림을 통해서 그림이 그 자신으로부터 쏟아진다고 재치 있게 말한다. 수도꼭지는 바로 베이컨 자신이다. 베이컨이라는 사람 자체가 완전한 그림이다. 그의 그림은 샘에서 흘러나온다.

베이컨은 1982년 일흔세 살 때 〈수도꼭지에서 흘러나오는 물〉을 그렸다. 그 이후로도 그는 십 년을 더 살았다. 거의 한 세기를 살았던 이 남자는 1927년 열여덟의 나이로 베를린의 퇴폐적 밤과 동성애자들이 드나드는 카바레를 경험했고, 초현실주의가 크게 유행하던

1920년대 말에는 파리에 머물렀다. 이후 런던에 정착
해서는 학교를 다니지 않고도 그림을 그리기 시작했는
데, 특히 피카소의 목욕하는 여자들을 주제로 한 〈디나
르〉 연작 전시를 보고 충격을 받았다.

　사십 년 동안 오직 그림만 그리며 수백 점의 걸작을
남겼고, 추상화(추상화는 그의 적이었다)가 모든 조형예술
을 지배했던 시대(1950년대와 1960년대)에 자신의 그림을
격찬받게 한 이 남자. 부유해지고 유명해져서 세계 최
고의 미술관에서 회고전을 여는 영예를 얻었고, 그 후
에도 계속 리스 뮤즈 거리에 있는 비좁은 작업실에 살
면서 그림을 그리던 이 남자. 그는 또 우리에게 무엇을
보여주고 싶은 것일까? 음, 대답은 **수도꼭지에서 흘러
나오는 물**이다.

　데이빗 실베스터와의 인터뷰에서 그는 〈수도꼭지에
서 흘러나오는 물〉을 "흠잡을 데 없이immaculé" 그려진
자신의 가장 완벽한 작품으로 언급한다. 의심의 여지
없이 그는 1920년대에 탄생한 '정밀주의'라고 불리는
미국 회화 사조, 특히 그 단순화된 형태가 세심하게 제
한된 평면 색상 영역을 필요로 하는 찰스 드무스나 랠

스톤 크로포드의 그림들을 참조한다.

그러나 통제할 수 없는 과잉의 결과로 액체가 넘쳐 흐르는 이 그림의 분출적 성격은 정밀주의자들이 그리는 선의 절도節度와 반대된다. 나는 베이컨이 "흠 없는"이라는 뜻의 'immaculé'라는 단어를 사용함으로써 오히려 **순수함의 방향**을 가리키고 있다고 믿는다. 그림을 그린다는 것은 빛을 발하는 차원에 속한다. 베이컨은 그의 그림이 불안감을 불러일으키는데도 불구하고, 그의 예술을 통해 지옥에서 벗어나는 법을 발견하려고 누구 못지않게 애쓴다. 물은 시간의 유년기다. 그리고 파란색은 상처 없는 나라로 이어진다.

입을 벌리고 그림 쪽으로 다가갔다. 나는 샘에 유인당했고, 샘물을 맛보고 싶었다. 이 맑은 샘물로 목을 축이고 싶었다. 시력을 잃은 뒤에 나는 봐야 할 뭔가를 내 눈으로 그려보는 것이 매우 중요하다는 생각을 굳히게 되었다.

마시는 것, 보는 것. 나는 이 두 가지에 더이상 차이를 두지 않는다. 모든 순간의 중심에서 물이 솟아난다. 산다는 것은 곧 줄줄 흐르는 것을 향해 입을 뻗는 것이다. 갈증은 진실에 대한 접근이다.

그 그림은 멀리서는 파란색으로 또렷하게 보였지만, 가까이서 보니 당황스러웠다. 그림은 투명하고 비스듬한 장방형 입체와 비율이 불규칙한 평행육면체로 구성되어 있었는데, 이는 우리가 프리즘이라고 부르는 그런 종류의 고체와 비슷했다. 베이컨은 입체가 프리즘 표면 속에 들어박혔다는 느낌을 불러일으키기 위해 평행육면체의 꺾어진 선을 왜곡했다. 그래서 물(파란색)은 입체적인 사각형에 둘러싸여 있었고, 그것이 유리 아래에서 분출했다.

나는 조금 더 가까이 다가가서 그림을 들여다보며 그것의 불가해한 특징을 끄집어냈다. 인간의 이해력을 초월하는 불가해한 것. 바로 이것이 위대한 예술의 정의다. 나는 마르셀 뒤샹을, 그리고 도형이 오목한 동시에 볼록한 두 개의 평면 위에 놓여 있는 수수께끼 같은 상자를 생각했다. 〈수도꼭지에서 흘러나오는 물〉의 분출하는 입체는 그의 머리에서 나온 것일 수도 있다.

이 글을 쓰면서 뒤샹을 떠올리는 것은 그를 존경했던 베이컨이 자주 그에게서 영감을 받긴 했지만 그를 인용한 적은 없기 때문이기도 하다. 이 "미술관에서의 밤" 이후 3년이 지난 어느 날 오후, 이 책을 쓰기 위해 다시 찾은 퐁피두 센터 도서관에서 마르셀 뒤샹의 **〈주어진 것: 1° 폭포, 2° 조명 가스(1966)〉** 설치 조립설명서를 뒤적이던 나는 바둑판 디자인에서 베이컨의 그림과 놀랍도록 닮은 형태를 우연히 보게 되었다. 그것은 세면대가 붙어 있는 선반으로, 이 선반은 이미 그의 집에 그대로 설치되어 있었다. 베이컨은 분명 이 형태에서 영감을 받았을 것이다. 베이컨의 그림 속에 뒤샹이 숨어 있다고 생각하니 기분이 좋다. 그의 그림 중 하나를 향해 걸어가면 베이컨이 혼자 웃는 소리가 들린다. 그림을 통해 맺어지는 우정이야말로 진정한 즐거움을 안겨준다.

나는 또한 베이컨이 분명히 그의 친구 클리브 바커의 집에서 수도꼭지의 모델을 발견했다고 믿는다. 그것은 〈물방울〉(1967)이라고 불리는 크롬과 니켈 도금금속으로 된 수도꼭지 조각품으로, 모양이 〈수도꼭지에서 흘러나오는 물〉과 완전히 똑같다. 하지만 여기서는 참고 작품과 문헌에만 국한하겠다. 이 책은 연구서가 아니며 미술사론은 더더욱 아니다. 글을 쓸 때 나는 감정을 명확히 하려고 애쓴다. 나는 베이컨의 그림이 내 안에 뚫어놓은 구멍을 표현할 수 있는 단어를 찾고 싶다. 나는 그의 그림이 가하는 충격의 모험에 관해 얘기한다. 그림은 내 신경계에 영향을 미치고 내 지각知覺을 변화시키고 내 삶에 영향을 끼친다. 다른 사람들도 이럴 것이다. 그림은 고정되어 있지 않다. 그것은 사랑처럼 즉각적인 결과를 가져오는 행위인 것이다.

4

빛

그래서 나는 입을 크게 벌리고 〈수도꼭지에서 흘러나오는 물〉 앞에 서 있었다. 물은 더할 나위 없이 시원했다. 물의 시원함은 우리를 가득 채워준다. 그 시원함 덕분에 유익한 빛이 내 머리 주위로 흘러들었다. 나는 점점 더 잘 볼 수 있게 되었을 뿐만 아니라 숨도 잘 쉬었다. 내게 점점 더 큰 즐거움을 안겨주는 파란색으로 가득 채워진 이 입방체 주변에는 모래 색깔, 혹은 더 정확하게는 사탕수수 색깔을 띠는 꺼칠꺼칠한 갈색 공간이 있었다. 나는 그것이 빈 캔버스라는 것을 바로 깨닫지는 못했다. 캔버스의 4분의 3은 색이 칠해져 있지 않앉다. 베이컨이 '흠 없는'이라는 단어를 사용한 것은 이 때문일까? 나중에, 나는 그의 마지막 그림들은 색칠하지 않은 부분이 많아지면서 미완성처럼 보인다는 사실을 깨달았다. 시간이 지남에 따라 사막이 넓어지고, 그림(가시적인 것의 영역을 넓히려는 노력)이 보이지 않는 영역에 압도되는 것 같다.

베이컨은 캔버스의 뒷면, 즉 준비되어 있지 않은 면에 그림을 그렸다. 그래서 그는 이 빳빳한 뒷면에서 작업을 했다. 그는 "나는 가공되지 않은 캔버스가 이미지를 흡수하는 방식을 좋아한다"라고 말했다. 그가 이 같은 습관(이 습관은 방법이 될 것이다)을 들이기 시작한 것은 1940년대 말 몬테카를로에 머물던 때부터다. "나는 돈이 없었어요. 아마 키지노에서 잃었겠지요. 하지만 이미 사용한 캔버스가 몇 개 있었습니다. 그래서 그걸 뒤집었고 가공되지 않은 면에 작업하는 것이 훨씬 쉽다는 사실을 알게 되었죠."

가진 돈을 다 잃고 이른 새벽 카지노에서 돌아온 베이컨은 재료를 살 수 없게 되자 이미 그렸던 캔버스를 뒤집어 새 그림을 그린다. 이 장면은 그가 돈과 맺었던

비참한 관계에 대해 많은 것을 말해주며, 그림을 그릴
수 있는 상황을 만들기 위해 그가 해야 하는 지출과 그
림을 그리기 위한 준비로서의 지출뿐만 아니라 무한한
비용으로서의 삶, 자기 자신의 약탈과 그에 따른 대격
변적인 재연, 파국에서 탄생하는 역설적인 에너지, 혼
돈(그림은 항상 이 혼돈으로부터 느닷없이 나타나 이 혼돈에서 벗
어나고, 항상 탕진 그 자체에 먹혀 황폐를 초래하고 황폐에서 벗어
나는 쾌락의 순환 속으로 떼밀려 들어간다)을 이용하는 그림
자체에 대해서 한층 더 많은 것을 말해준다.

　　그러나 우리는 이 일화에서, 그 유쾌한 본질 너머로
예술적 행위에 대한 완전히 새로운 개념을 드러내는
반전의 몸짓을 읽어야 한다. 즉 **베이컨은 그림을 뒤에
서 그리는 것이다.**

　　따라서 그림의 부재에 둘러싸여 있으며, 광활한 처
녀지의 거친 공허함에 맡겨진 이 그림(나는 이 그림에서
더이상 눈을 떼지 않았다)에서 수도꼭지에서 쏟아지는 파
란 물은 오아시스의 모습을 하고 있다. 사막이란 곧 그
려지지 않은 것이다.

　　나는 종종 "물이 포도주로 바뀌듯, 세상은 그림으로

바뀐다"라는 세잔의 말을 떠올리곤 한다. 세상이 건조해지는 것을 막는 이 파란 창을 통해, 베이컨은 눈에 보이는 것이 삼켜질 위협에 맞서 끊임없이 버티는 그림의 기적을 자신만의 폭발적인 방식으로 확언한다. 만일 세상이 그려지지 않는다면 우리는 곧 아무것도 볼 수 없을 것이며, 어쩌면 세상은 더이상 존재하지 않을지도 모른다. 그렇기 때문에 나는 화가들의 강인함, 육체적 헌신, 그리고 **끈기 있게 그림을 그리는** 집착을 좋아한다.

그것은 기묘한 싸움이다. 그림(문학도 마찬가지다)은 우리에게 절대 멈추지 말라고 요구한다. 만일 우리가 멈추면 어둠이 우리 모두를 집어삼킬 것이다. 어둠은 우리의 주의력이 흐트러지고 무력해지고 태만해지기를 원한다. 그리고 모든 것이 지금 그것이 짜놓은 프로그램에 따라 전개되고 있다. 인간들은 한 명씩 차례로 도태되고, 언어의 조직적인 빈곤에 순응하며, 일상생활에서 서서히 노예가 되어간다. 인간들은 새로운 세계 질서로 자리를 잡아 곧 지구 전체를 장악할 정신의 부재 속에서 숨이 막힌다.

사소해 보일 수도 있지만, 그럼에도 불구하고 지구 상에서 우리가 하는 가장 작은 행동과 관련있는 방식으로, 써진 문장 하나하나, 그려진 그림 하나하나는 그 같은 추상적 관념의 영향에 저항한다. 중요하지 않은 것은 아무것도 없다. 특히 언어에는 중요하지 않은 것이 없고, 조직적인 현혹에 맞서 싸우는 예술적 형태에는 더욱더 중요하지 않은 것이 없다. 앙토냉 아르토는 반 고흐의 까마귀가 지구를 황폐화하는 악령에 맞서기 위해 세워진 허수아비라고 확신했다. 베이컨의 그림에서 석화를 막는 것은 파란색이다. 나는 파란색의 이상한 장점을 이렇게 받아들인다. 파랑은 검정보다 강하다. 파랑은 어둠을 뚫고 우리에게까지 흘러온다.

나날이 진해지는 감성은 예술가들의 신경계에 영향을 미친다. 치열하게 벌어지는 전투 속에서 그들은 최전선에 서 있다. 우리는 그림을 감상하면서 계속 본다. 예술은 우리에게 시선의 정확성을 가르쳐준다. 그림을 보지 않으면 시력을 잃을지도 모른다.

베이컨은 자신이 흡수되도록 그냥 내버려 두었을까? 그는 지옥불이 세상을 집어삼키는 데 기여할 것인가?

위키피디아 사이트에 가서 그의 프로필을 읽어보면 우리는 1909년 10월 28일 더블린에서 태어나 1992년 4월 28일 마드리드에서 사망한 그가 순수한 허무주의자라는 느낌을 받는다. 사람들은 그가 세계에서 가장 비싼 그림(**〈루시안 프로이트의 세 가지 연구〉**)을 그린 화가라고 말하고, 이어 "폭력과 잔혹함의 화가"라고 덧붙인다. 돈과 죽음은 사회가 무엇에 관심을 가지는가를 잘 보여주는 징후인데, 위키피디아는 사회적 관심사의 주요 공급원일 뿐이다.

분명히 하자. 프랜시스 베이컨은 폭력과 잔인함의 화가가 아니다. 가학적인(그리고 우리가 예술가들을 미치광이로 믿게 만드는) 것은 바로 사회다. 카라바조나 베이컨처럼 위대한 화가는 악의 편에 서지도 않고 악에 반대하지도 않는다. 그는 인간들에게 가해지는 폭력을 포착하여 그것을 드러내는 형태를 부여하는 사람이다. 세상은 비루하고 야만적이며 범죄적이다. 화가는 세상의 신경질적인 수수께끼를 재현한다. "나는 내 작품이 거칠다고 생각하는 사람들을 볼 때마다 놀랍니다"라고 그는 말한다. 그리고 그는 이렇게 덧붙인다. "내 그림은 폭력적인 그림이 아니라 즐거운 그림입니다. 5분간의 텔레비전 뉴스가 내가 그린 그림보다 훨씬 더 폭력적이란 말입니다."

그렇다면 베이컨은 자신이 흡수되도록 내버려 뒀을까? 절대 아니다. 그는 반대로 매일 아침 자신의 아틀리에에서 꿋꿋하게 저항하며 공포에 맞서 어둠을 변화시키고 눈부신 퇴마 의식을 행하는 사람이다. 그리고 마틴 해리슨이 다섯 권으로 출판한 작품 도록을 믿는다면, 그는 여든세 살까지 복수의 여신 에리니에스에 맞서가며 거의 500점에 달하는 그림을 그렸다. "시간은 그것을 제거하는 단순함에 응한다." 조르주 바타유의 이 문장은 천식 발작 후에 발생한 베이컨의 죽음과 일치하는 명료함으로 죽음을 정의한다. 심장 마비. 단말마의 부재. 한순간, 그리고 나서 다른 순간. 끝.

한 가지 더 있다. 베이컨의 예술은 시간이 지나도 움츠러들지 않고 미니멀리즘을 향해 나아가지도 않는다. 그의 예술은 오히려 그 형상이 사라진 광활한 빛을 향해 열린다. 속박에서 풀린 이 표면의 신비는 베이컨이 모래 언덕과 정글이나 대초원의 풍경, 분수, 위성에서 본 지구의 모습을 그리기 시작하면서 더욱 커진다.

그림은 스스로에 대해 명상한다. 그것의 고독은 빛에 속한다. 그때 그림에서 느껴지는 고독은 꼭 거침없이 내쉬는 숨 같다. 무한한 공간은 우리를 두렵게 하지 않는다. 그것은 오히려 우리에게 부족한 빛을 마련해준다. 공백은 파란색이다. 그것은 저절로 돌아가면서 시간의 유아기처럼 논다.

5

갈증을 풀다

나는 〈수도꼭지에서 흘러나오는 물〉 앞에서 오랫동안 서 있었다. 이 샘은 무한하지 않은가? 이 그림에서는 나눌 수 없는 힘이 솟아난다. 이에 대한 명확한 긍정은 그 자체로 하나의 사건이다. 이 책을 쓰는 동안 나는 그 것을 행복하게 경험한다. 항상 어딘가에는 샘이 있고, 존재는 샘으로 향한다. 그림이 있는 곳에 생명이 있다.

베이컨은 이 그림에서 바다를 그리려고 했는데 뭔 가 즉흥적이면서 만족스럽지 못한 일이 일어났다고 말 했다. 그는 유화 물감을 여러 겹 칠한 다음 스프레이를 들고 캔버스에 코발트블루를 뿌려서 하늘색의 균일한 명도를 흐트러뜨리는 거품 같은 물방울 효과를 만들어 냈다.

물(즉 붙잡을 수 없는 것)을 그릴 수 있다는 것, 그것 외에는 아무것도 그릴 수 없다는 것, 그것은 호쿠사이에서 모네를 거쳐 톰블리에 이르는 모든 화가들의 꿈이 아닐까? 이것이 회화 그 자체의 절대성, 그것의 기원과 영역 아닐까?

아무 생각 없이 이 그림을 바라보았다. 더 정확히 말하자면, 여전히 생각을 하면서 **단어들로** 그림을 관찰했다. 나는 말을 하지 않았다. 하지만 내 머릿속에서 그림은 계속해서 표현했다. 언어가 내 안에서 사라진 후에야 그림이 움직이기 시작했다. 파란색과 갈색이 서로 대립하다가 각기둥 조각을 만들어냈고, 물과 사막의 색이 점차 서로의 색을 재정의했다. 세상은 메말랐지만 바위 틈에서 물이 흐르고 있다.

이 물은 내 안에서도 흘러 사막을 가른다. 나는 이 물, 이 파란색, 이 분홍색과 흰색의 도착 장소가 되었다. 아마도 이것이 즐거움일 것이다. 우리가 존재와 하나가 될 때 느껴지는 즐거움 말이다. 존재가 즐거움을 누리도록 하는 것. 그것이 바로 그림의 광기다.

　그래서 나는 이 파란색의 한가운데에 있으면서, 동시에 그 색을 바라보고 있었다. 이 일은 안과 밖에서 동시에 일어났고, 안과 밖 사이에서는 움직이지 않고 녹아내리는 내 몸이 있었다. 그림을 보고 있으면 기준점이 슬그머니 사라지고 공간이 비워진다. 그래서 기분이 너무 좋아진다. 그때 나는 나 자신으로부터 완전히 분리되지만, 또한 완전히 그곳에 있다. 이것은 사실 역설이 아니다. 그림이 우리를 초대하는 존재의 변형은 존재에 대한 접근과 관련이 있으며, 존재는 자신을 무無와 구별하는 데 어려움을 겪는다. 여기서 갑자기 느껴지는 황홀경은 극적이지도 않고 만져지지도 않는다. 파란 창문이 허공 속으로 가파르게 열린다. 그것은 추락의 반대다. 베이컨은 "그것은 추락이 아니라 도취다"라고 어딘가에서 얘기했다.

　그렇다, 〈수도꼭지에서 흘러나오는 물〉을 보고 있으면 바로 이런 느낌이 든다. 마치 내 안에 생긴 틈이 나를 맞이하는 듯하다. 나는 색과 물방울을 받아들이고, 내 몸에는 물이 뿌려진다. 그림은 나의 눈이 다시 태어

나는 욕조다.

나는 이 문장을 쓰면서 놀랍다는 생각을 한다. 베이컨이 나를 편안하게 만들어주는 것이다. 그의 그림에 깃든 폭발성을 생각하면 이상하게 들릴 수도 있다. 하지만, 추상화의 장식적인 위안을 거부함으로써, 우리 삶에 영향을 미치는 극단적 폭력을 숨기지 않음으로써, 우리의 상처 입은 육체뿐만 아니라 불타는 영혼까지 노출되는 이 장작더미에서 우리 대신 자신을 드러냄으로써 베이컨은 우리를 대변한다.

그리하여 우리는 만족한다. 우리는 우리 삶의 질료가 갇혀 있는 이 같은 고통을 인식하지만, 베이컨은 그것에 예술이라는 형식을 부여함으로써 그것을 견딜 수 있는 경험으로 변화시킨다. 어느 정도 예민함의 차원에서는 사는 것이 참을 수 없지만, 그것의 극히 짧은 순간들을 우리에게 전달하는 그림은 그 고통에 굴하지 않고 우리를 풍요롭게 해준다. 랭보의 "나는 나의 풍요가 어디서나 피로 얼룩졌으면 좋겠어"라는 싯구에 그것이 있다. 하지만 이제는 더이상 원할 필요가 없다. 이제는 피가 우리 주변 곳곳에서 분출하고 있다. 베이컨은 이러한 폭력의 가장 적확한 목격자 중 한 명이며, 그래서 그의 그림은 우리가 들어가지 못하도록 문을 닫아버리기보다는 우리가 들어갈 수 있도록 문을 계속 열어준다.

무엇이 나를 편안하게 만들어주는가? 무엇이 나의 갈증을 해소하고 욕망을 채워주는가? 나는 문학과 사랑에서 모든 것을 기대하듯 그림에서 모든 것을 기대한다. 그림이 나를 가득 채우기를(비웠다가 다시 채우기를), 내 안에서 열리는 심연에 반응하기를 원한다. 그림의 현기증에 직면하면, 부족함은 풍요로움만큼이나 불타오른다. 그리고 둘은 서로를 더욱 강하게 만들어준다. 마치 색채의 인내만큼이나 무無의 인내가 그들의 동질감을 굳건히 하는 것처럼.

베이컨의 그림뿐만 아니라 카라바조의 그림(그리고 반 에이크 형제와 그뤼네발트, 반 고흐, 보나르와 톰블리 뿐만 아니라 라스코와 파이윰의 예술가 등, 내가 열렬히 사랑하는 모든 화가들의 그림까지도)은 다시 살아나라고 요구하는 내 안의 가장 열렬한 지점에 호소한다. 나는 그림을 통해 내 감각의 근원에 접근한다. 색깔 덕분에 숨을 더 잘 쉴 수 있고, 나의 이해력에서 벗어나는 뉘앙스를 감지할 수 있다. 나의 시선은 나를 감싸고 있던 어둠에서 벗어나고, 내 두 눈은 들라크루아의 그림에 그려진 옅은 분홍빛 목의 색이나 로스코의 그림에 보이는 연보라색 층의 광채 앞에서 다시 태어난다. 나는 다시 본다.

좌우를 살펴보았다. 베이컨도 그림을 그리면서 이렇게 한 것 같다. 장 프레몽은 이 일화를 데이비드 실베스터로부터 전해 들었는데, 데이비드 실베스터는 운 좋게도 리스 뮤즈 아틀리에의 그 유명하고 기괴한 혼돈 속에서 베이컨을 위해 포즈를 취할 수 있었다. 운이 좋았다고 말하는 것은, 베이컨이 모델에게 포즈를 취하게 하고 그림을 그리는 것을 얼마나 쓸모없는 것으로 여겼는지 알고 있기 때문이다. 그래서 그는 모델과 마주하는 것을 피하고 사진을 보며 그림을 그렸다.

포즈를 취하고 있던 실베스터는 베이컨이 그림을 그리는 동안 계속 옆을 힐끗거리는 것을 알아차렸다. 그는 모델을 보는 대신 옆에 놓인 의자에 펼쳐진 책을 보고 있었다. 실베스터는 어느 순간 베이컨이 소변을 보러 간 틈을 이용해 책을 흘깃 보았다. 그 책은 아프리카 동물들의 사진집이었고, 펼쳐진 페이지에는 코뿔소 사진이 있었다.

나는 내 주변에서 코뿔소를 찾고 있었던 것일까? 전시장 한구석에 숨어서 때를 기다리는 짐승이 있었던 것일까? 고개를 좌우로 돌리던 나는 누군가가 나를 쳐다보고 있다는 느낌이 들었다. 분명히 내 뒤에 눈이 있었고, 나는 그것을 느꼈다. 그리고 이 눈 주위에 어떤 우글거림처럼, 기어다니는 위협처럼 희미한 뭔가가 있었다.

그렇지만 이런 일이 되풀이되지는 않을 것이다. 이번에는 시간을 너무 낭비했기 때문에 그런 일이 다시 일어나도록 내버려 두지 않을 것이다. 새벽 한 시 가까이 되어 가는데 삼십 분 전부터 집중했던 〈물이 흐르는 수도꼭지〉를 제외하고는 여전히 베이컨의 작품을 아무것도 보지 못했다.

눈이 뒤에서 바라보고 있어서, 목덜미가 타는 듯 뜨

거웠다. 빨리 끝내야겠다는 생각에 휙 돌아보니 스핑 크스가 보였다. 돌아보는 것으로 충분했다. 반사적으로, 아마도 오이디푸스 때문에 나는 다시 눈이 멀게 될 거라고 생각했다.

스핑크스는 방 전체를 물들인 분홍색을 배경으로 서 있었다. 스핑크스의 머리는 나를 향해 있었고, 불투명 한 필름이 스핑크스의 얼굴을 흐릿하게 했다. 심장이 매우 빠르게 뛰기 시작했고, 돌이 목에 걸려 있는 것 같은 느낌이 들었다. 스핑크스에게 가까이 다가가면서 보니 투명한 베일에 싸여 있었다. 스핑크스는 살인범 처럼 나일론 스타킹을 머리에 쓰고 있어서 표정이 없 어 보였다.

나는 떨고 있었다. 베일이 삶과 죽음을 나누어 놓는 다면 나는 과연 어느 쪽에 있을까? 나는 여전히 존재하 고 있을까? 결국 간이침대에 누워서, 어쩌면 죽은 자들 의 세계에 들어간 것에 불과한지도 몰랐다. 나는 깨어 있지 않았고, 영혼들과 함께 무덤을 돌아다니고 있었다.

스핑크스의 가려진 눈빛은 나를 두렵게 만들고, 내 마음을 끌어당겼다. 나는 그 신비에 익숙해졌고, 그 속삭임을 들었다. 그녀가 나를 부르고 있었다. 내가 '그녀'라고 말하는 것은 그것이 스펭주(여자 스펭크스)였고, 그 존재 전체가 여성적이었기 때문이다. 그것의 상체에는 젖가슴이 불룩 솟아 있었다. 그 고독이 내게 말을 건넸다.

다른 그림에서 웅성거림이 들려왔다. 색이 살아나고 있었다. 모래 언덕이 모래 폭풍을 일으키고, 벌거벗은 회색 송장들이 팔다리가 분리된 채 얼굴을 찡그리고 온몸을 꼬며 이리저리 돌아다니고 있었다. 그러더니 피 냄새를 맡고 흥분한 듯, 방금 그들의 눈에 내 존재를 비추어준 내 시선에 이끌려 내 시야에 몰려들었다. 에리니에스들은 악행을 저지른 것이 분명한 날개 달린 쥐와 박쥐의 모습으로 나타났다.

이 환영들은 눈 깜짝할 사이에 뒤섞이더니 형체 없는 칙칙한 필름이 되어 내 눈으로 달려들었다. 하지만 스펭주를 향해 나아가던 나는 그림에 칠해진 분홍색 빛의 도움을 받아 그 필름을 피했다.

바로 이 순간부터 베이컨과의 밤이 시작되었다. 물론 나는 몇 시간 전부터 이곳에 있었고, 나의 모험은 이미 어느 정도의 깊이에 이르렀다. 하지만, 나는 베이컨이 그린 〈앵그르 이후의 오이디푸스와 스핑크스〉(1983) 앞에 서기 위해 그 첫 번째 벽을 넘으면서 존재하기 시작했다.

나는 〈앵그르 이후의 오이디푸스와 스핑크스〉를 보고 웃음을 터트렸다. 솔직히 반바지와 메리야스 차림으로 수수께끼를 풀러 온다는 건 그다지 진지한 행동이 아니었다. 스핑크스를 향해 뻗은 그의 발에는 붕대가 감겨 있고 피투성이였다. 하얀 페인트 얼룩이 그의 눈을 가리고 있었으며, 검은 줄무늬가 그가 앞을 못 본다는 사실을 강조하고 있었다. 나는 이 신화의 전개에서 오이디푸스가 훨씬 후에 왕이 되고 나서 눈을 찔렀다고 생각한다. 그렇다면 그의 눈은 왜 이미 없어졌을까?

그는 스핑크스를 향해 마치 트로피를 흔들 듯 다리를 흔들고 있다. 그는 이제 대답을 하려는 것일까? 때가 되었다. 그가 말을 하려는 순간 나도 입을 열었다. 오늘 밤 나는 내 방식대로 수수께끼에 맞서고 수수께끼를 풀기 위해 눈을 뜰 것이다.

6

베이컨의 모든 것

나는 색과 빛에 대한 갈증, 즉 그림에 대한 갈증이 있
었다. 나는 마침내 이 전시회를 보고 싶었고, 웃음을 터
뜨리며 이 전시실 저 전시실을 가로질러 뛰어다녔다.
벽은 마치 크고 파란 파편들로 가득 채워진 듯 보였고,
팬티 차림의 남자들이 세면대 위에 기대거나 나무 의
자에 앉아 있었다. 검정 잉크와 보라색 후광이 분출하
고, 분홍색이, 수많은 분홍색과 파란색이 매트리스나
호텔 계단에서 뿜어져 나왔다. 호텔에서는 밤이 내게
달려든다. 시트는 구겨져 있고, 신문이 여기저기 굴러
다닌다. 문은 셰익스피어처럼 단호한 눈으로 나를 관

찰하면서 마치 성으로 들어가는 것을 금하는 듯 내가 지나가는 것을 거부한다. 발 하나가 자물쇠를 향해 들어 올려지더니 열쇠를 돌린다. 그러고 나서는 끈적끈적한 것으로 더러워진 전등 스위치와 넓은 주황색 배경, 단두대의 날처럼 이 주황색 위로 미끄러져 가는 거울, 비명을 지르는 입들이 보인다. 이 입들은 자기 이빨을 먹고, 그림을 뱉어낸다. 처형장에 펼쳐져 범죄 현장을 덮어 가리고 있는 작은 천막, 고기 조각들, 삶의 공포를 녹음하는 마이크처럼, 임종의 맥박을 재는 청진기처럼 고기 위에서 이리저리 흔들리는 전구들. 그리고 고통으로 인해 갈라지고 범죄로 절단되었으며, 먹히는 것이 어떤 것인지를 우리 눈앞에서 뼛속 깊이 느끼고 뒤틀려 경련을 일으키는 인간들의 살. 단백색이 꿈틀거리는 살. 자동차 바퀴가 옆으로 미끄러지면서 사고로 이어지고, 이 사고에서 초록색 뒤틀림과 파란색 뒤틀림, 붉은색과 주황색, 연보라색 뒤틀림이 연이어 일어난다. 정육점의 진열대는 곡예사의 무대이고 경기장이고 자신이 살아 있다고 생각하는 죽은 자들과 최악의 상황에 감기는 눈을 위한 정원이다. 그리고 나는 지금 즉시 에나멜로 덮인 세면대의 수도꼭지에서 나오는 물을 마시고 그 물을 얼굴에 튀기고 싶다. 그리고 그 알코올 냄새, 가죽 냄새나는 위스키, 그 커튼과 소파, 낡은 침구, 네온의 횡포에 과잉 노출되고 맡겨진 방. 검은 눈물 웅덩이에 발을 담그는 박제된 포식자의 근육질 허벅지를 가진 남자, 토가 나올 정도로 더러운 변기에 몸을 기울이고 있는 남자, 진한 장미색 살과 더러운 어린아이의 쭈글쭈글한 피부, 몽골 거북이의 뺨을 가진 남자, 혐오감과 슬픔과 파트너의 죽음으로 영원히 중단된 섹스 게임의 축소판처럼 목이 잘린 수탉의 자세로 조각되어 프레임 한가운데에 우뚝 서 있는 사타구니들. 고기 의자에 나사로 조여진 채 어떤 몸에 덤벼들어 그 몸의 엉덩이에 달라붙는 남자들. 성교하는 남자들. 자신의 사이편에 흡수된 불가능한 기하학적 구조. 마치 성적으로 활기를 띠는 것처럼, 마치 모래 언덕에 당신을 안아주는 허벅지가 있는 것처럼 스스로 구르고 솟아오르는 모래. 조금 더 떨어진 다른 방에는 거울을 뚫고 들어가면서 둘로 나뉘는 황소가 있다. 황소 뿔의 타격은 내 시선을 위협하고, 내 눈을 겨

냉하고, 나를 눈멀게 하려는 욕망을 모든 가시적인 것에 투사하여 우리 모두의 눈을 뽑아내고, 이 살인자들의 세계를 적출하고, 그것을 노리는 범죄가 실패로 돌아가도록 만든다. 그리고 헨리에타 모라에스의 멍이 든 연보라색 젖가슴은 그녀가 모습을 나타낸 잡초투성이의 어두운 방 가장자리에 솟아 있다. 내가 거친 숨을 몰아쉬며 다시 간이침대 앞을 지나는 동안 얼굴이 살색 스타킹으로 가려진 스핑크스의 연분홍색 젖가슴은 피 묻은 붕대를 감은 오이디푸스의 발목을 무표정하게 곁눈질한다. 그의 존재의 내장으로 졸라맨 미셸 레리스의 머리, 수달의 눈처럼 생긴 그의 날카로운 눈, 뿔(이 뿔은 그가 문학의 상징이라고 말한 황소의 뿔인지도 모른다)처럼 잘린 뼈가 통과하는 그의 이마, 어둠 속에서 반짝이는 그의 깎인 두개골, 모서리가 잘렸으며 온통 초록색과 분홍색 점들이 칠해진 그의 둥근 얼굴. 그러고 나서 다시 나는 가슴을 두근거리며 방들을 통과하여 환상의 세계로 들어섰다. 거기서 나는 그림들의 옷을 벗기고 그것들의 색깔과 함께 도망쳤다. 그 색깔들은 어둠 속에서 오직 그들 자신과만 있는 모습을 더 분명하게 보여주면서, 베이컨이 처음에는 섬세하게 칠했다가 다시 낡은 스웨터의 소매나 고무 롤러, 샤워 커튼, 파이프로 학대하고 문지르고 찢어내는 이 낡고 예측할 수 없는 물질인 유화에 점점 더 잘 집중하는 하나의 시선에 맡겨졌다. 교황은 꼭 똥을 싸고 있는 것 같으며(그가 옥좌에 앉아 있는 것이 아니라면), 사업가처럼 옷을 잘 차려입은 한 남자가 수상쩍은 관심을 가지고 그를 관찰한다. 움직임이 빨라진다. 흙빛 배경 위에 펼쳐져 있는 노란 튤립의 돌연한 폭발. 불그스레하게 빛나는 선에서는 불이 두 차례의 죽음 사이에서, 어머니와 아버지 사이에서, 주체와 그 자신의 실종 사이에서 눈에 보이지 않게 타오르고 있다. 아들은 아무런 기회도 부여받지 못했지만 술 취한 왕처럼 의기양양하게 등장한다. 이 아들은 더더욱 왕처럼 보인다. 왜냐하면 그 누구도 그처럼 붓을 손에 들고 있지 않았으며, 취기는 다행히도 이성의 추종자들은 모르는 빛나는 권력이기 때문이다. 그래서 우리는 즐거움을 독점하고 있다. 그리고 폰토르모가 그린 그림에서 금발머리 무녀巫女가 입고 있는 옷의 그 오렌지색 분홍빛은 베이컨이 1944년에 처음 그렸고 1988년에 다시 그린 3부작에 다시 등장한다. 아주 오래전부터 나의 악몽 속에서 살았던 이 분홍빛 존재는 오늘 밤 내게 두려움을 불러일으키기 시작했다. 턱뼈처럼 검은 그림자, 외알 안경, 이빨을 드러낸 원숭이, 자기들이 옳고 그름을 가리는 독수리라고 생각하며 몸 색깔이 날아다니는 쥐처럼 회색인 박쥐들, 깃털과 뱀파이어의 망토처럼 보이는 날개, 코끼리 귀. 흰 마스크를 쓴 채 재력가처럼 거만하게 바구니 속에서 뒹굴며 시가를 피우는 남자가 정의의 시소 위에 그의 무게를 실어 심판을 내릴 것이다(나는 이렇게 생각하는 것을 좋아한다). 면도 거품으로 뒤덮인 얼굴. 나는 어쩌면 재떨이를 보았는지도 모른다. 어쨌든 찡그린 얼굴과 머리털을 보았다. 그리고 이 문구를 통해 거친 기쁨이 칠해진 벽의 조명에 반응한다. 어렸을 때부터 나의 시선이 매일 밤 길을 잃고 헤맸던 라스코 동굴의 황홀한 창자 속에서 베이컨의 작품들을 관람하며 진화한 것처럼 말이다. 그곳에서, 분을 발라 촉촉해진 내 입술은 주술사의 약물과 땅 밑에 담긴 수백 년의 세월을 목욕시키는 최음제의 신선함이 효과를 발휘하며 침을 흘리기 시작한다. 그렇다, 우리는 사랑을 할 때 이 야생적인 즐거움을 느낀다. 우리의 욕망을 해소하는 포옹이 우리를 데려가는 그 지점까지, 우리 피부가 다른 사람의 피부에 내맡겨질 때 이 같은 즐거움을 느낀다. 왜냐하면 바로 그 포옹으로부터 샘과, 그리고 아마도 그것들의 떨림 속에 또아리를 틀고 있는 흰색과 노란색, 분홍색 원자의 폭풍우뿐만 아니라 솔질을 한 살도, 즉 내리는 어둠처럼, 그것이 윙윙거리게 만드는 마비 상태처럼 저절로 돌아가는 빛과 움직임도 그 포옹으로부터 흘러나오기 때문이다. 잘 알려져 있다시피, 우리는 언젠가 베이컨의 캐릭터처럼 흔들리는 방에 누워있다가 토할 뻔했으며, 구토하는 아이처럼 엉금엉금 기어가는 자신을 꿈꾸는 것이 끔찍하다면, (베이컨의 말처럼) 서둘러 그의 프레임 속에서 기지개를 켜고 그를 위협하는 현실에 매달리는 각각의 육체가 그 자신이나 그에게 속하는 괴물과 어느 정도까지 싸우는지를 고려해보아야 한다. 불쾌한 쾌락으로 온몸을 뒤틀며 그런 몸 위로(내 위로) 기어 다니는 이 검은 그림자는 동물이 된 성기의 텁수룩한 털과 닮았고, 이 성기는 경련을 통해 그것이 차지하는 곡선의 풍요로움을 흡수할 것이기 때문이다. 그리고 곡선과 더불어 허벅지와 엉덩이는 마치 뱀이 불행한 몸에서 빠져나오는 것처럼 눈에 거슬리는 풍경을 구성하고, 탈구된 몸들은 존재하지 않는 소파에 풀썩 쓰러지며, 마치 그림이 이미 아이러니하게도 우리 눈에서 멀리 그것을 삼켜버릴 금고 속으로 사라지듯이, 그것의 유리 벽과 황금색 프레임 아래에 잘 봉인된 거울은 분홍색과 회색, 그리고 얼마 안 있으면 검은색으로 변할 그것의 분출된 흐름을 부순다. 동물원의 침묵에서 느껴지는 취기와 눈을 대신하는 고함 소리, 포옹이나 싸움의 심장에서 뿜어져 나오는 프로이센 블루, 그것이 사랑인지 싸움인지 어떻게 알 수 있을까? 사랑싸움에 대해 말하는 것이 아닌가, 이 프로이센 블루는 마드리갈(사랑을 노래하는 짧은 서정시)의 이름 아닌가. 그렇다, 이 푸르스름한 심장은 묶여 있는 흉상의 내부에서, 하복부와 허벅지가 시작되는 부위에서, 제물처럼 반짝이는 그 장소에서 정자처럼 고동친다. 여기서는 짐승들조차 연약하고, 상처가 비명을 멈추고 물린 부위 너머에서 분출하여 밤을 다시 환하게 만들고 원자를 제멋대로 움직이게 하고 청교도들의 얼굴에 웃음을 터뜨리고 눈에 보이는 세계 전체를 그것의 반짝이는 신선함으로 적신다. 그리고 레리스가 평소처럼 과장되게 말했듯이, "모든 존재나 사물이 포함된 이 예측 불가능한 프리즘"을 우리에게 가져오는 것은 시간이나 공간이 아니라 바로 이 분해다. 나는 삶에 다시 생명을 불어넣으며, 황홀경과 십자가형이 미끄러지는 팔레트의 무지개를 넓혀주는 여러 색깔의 정액에 대해 말할 것이다. 그곳에서 우리 각자는 베이컨의 그림 앞에서 헐떡이며 자신의 몸짓을 내면적으로 재발견하고, 그 순간, 아틀리에의 혼돈 속에서, 얼룩진 누더기와 마른 페인트로 두꺼워진 책더미, 굳어서 딱딱해진 물감, 그리고 테레빈유 냄새 사이로 통로가 나타나고 갑자기 벽에 구멍이 뚫린다. 그때 여자 목소리가 내 머릿속에서 말한다. 이 구멍으로 나가야 해. 한쪽 눈을 이 구멍에 갖다 대고, 이 눈과 함께 다른 쪽 눈을 갖다 대야 해. 그리고 가슴과 입으로 미지의 세계를 포옹해야 해. 그러면 스핑크스를 마주한 오이디푸스처럼 오른쪽 다리를 높이 들고 완전히 거기로 들어가게 된다.

안으로 들어가는 것이다. 이제 되었다. 유화 속으로 들어간 것이다. 나는 막달라 마리아가 그리스도의 발을 닦은 연고의 물질에 녹아들었다. 베이컨이 그린 여자들(몇 명 안 된다)이 나를 불쌍하게 쳐다본다. 나는 전시회에서 겨우 세 명 아니면 네 명을 보았을 뿐이다. 정확히 몇 명인지는 발걸음을 돌려 되돌아가서 확인해봐야 할 것이다. 그러나 밤의 이 순간에는 앞도 없고 뒤도 없이 한 그림에서 다른 그림으로 추진되는 단 한 번의 숨결만이 있을 뿐이다. 나는 그림이 발산하는 아우라에 자신을 바치고, 처음에는 없던 제물이 되어, 각 그림에 숨어 있는 괴물이 불러일으키는 감각에 온전히 자신을 바친다. 그리고 나는 프랜시스 베이컨의 그림은 영양분을 필요로 하며, 그 영양분은 바로 나라고 생각했다. 즉, 오늘 밤 유일하게 먹을 수 있는 고기 조각은 바로 나인 것이다. 그리고 나는 이러한 희생을 두려워하지 않았다. 오히려 그림은 이런 식으로 경험된다고 생각한 것이다. 우리는 이렇게 사랑 안에서 자신을 버린다. 우리 자신을 버리지 않으면 그것은 사랑이 아니다. 그래서 나는 밤이 제 역할을 하도록 내버려뒀고,

밤이 나를 해체하도록 내버려 둬야 했다. 나는 베이컨의 그림이 파놓은 구덩이 속으로 들어가서 몸과 영혼을 그 그림에 내맡겨야만 했다. 왜냐하면 그 밤의 순간, 의도하지 않은 채 밀폐된 조르주 퐁피두 센터 건물의 여덟 개 방에 전시된 42점의 그림 앞에서 모든 방향을 잃은 후에 지쳐서 헐떡거리며 전율하던 나는 무거우면서도 가벼워져 오직 시적인 차원에서만 존재했기 때문이다. 내 안의 모든 것이 문장이 되었다. 언어가 내 자리를 차지하더니 이 그림의 밤에 나 없이 떠다녔다. 나는 눈송이처럼 벌거벗겨져 완전히 빛과 거품, 두 빛 사이에 뜬 먼지, 투명하고 가는 무늬가 되었다. 그리고 무無가 되었다.

7

질문

숨을 돌리려고 침대에 앉았다. 스펭주는 그곳에서 여전히 나를 지켜보고 있었고, 오이디푸스는 도전을 하는 건지 애원을 하는 건지 피투성이가 된 발을 계속 스펭주를 향해 들이 올리고 있었다. 특히 붕대가 그림 한가운데서 신성모독에 가까운 오만함으로 그 하얀색을 뽐내고 있는 게 멀리서 보였다. 오이디푸스는 스펭주를 조롱하는 건가? 나는 고래와의 나쁜 관계를 더욱 악화시키는 에이허브 선장을 떠올렸다. 오이디푸스도 다리를 절었다, 그렇지 않은가? 나는 흔들리고 비틀거리는 사람들을 좋아한다. 미끄러지는 것은 뭐든지 다 내 마음에 든다. 고집스럽게 서 있는 것은 한계가 있는 미덕이라고 할 수 있다. 하늘은 비스듬한 각도에서 더 잘 보인다.

즐거운 마음으로 숨을 몰아쉬며 전시회장에 걸린 작품을 한 점 한 점 감상하던 나는 베이컨의 세계가 얼마나 비스듬한지 깨달았다. 그의 선은 앞뒤로 움직이고, 인물은 뒤틀리고, 볼륨은 깨진다. 그의 모든 것은 비뚤어져 있다. 비뚤어진 마음이 모든 원자를 무를 향해 끌고 가듯이, 불균형은 그림에 생기를 불어넣는다. 논리적으로 생각해보자. 황홀경과 고통의 교대는 안정적인 세계를 만드는 것이 아니다. 그것은 분명히 우울증을 조장하지만 또한 걸작을 탄생시키기도 한다. 얼마 전 라디오에서 예술작품에는 올려다보는 작품과 내려다보는 작품이 있다는 말을 들은 적이 있다. 베이컨은 어떨까? 둘 다 아니다. 나는 그의 그림이 우리 눈을 후벼판다고 말하고 싶지만, 이건 좀 지나친 표현인 것 같다. 모든 사람은 자신을 사로잡는 것에서 자유롭게 벗어날 수 있다. 그냥 그것을 다른 집착으로, 즉 덜 뛰어나고 덜 강렬하며 덜 충격적인 화가로 대체하면 된다. 나는 그날 밤 슬픔에 최대한 가까이 머물고 싶었고, 견딜 수 있는 것의 끝까지 가보고 싶었다. 어쩌면 이것은 과장일 수도 있다. 하지만, 우리는 때로 그것을 경험하며, 그렇게 되면 그 외에는 아무것도 더이상 중요하지 않다. 우리는 베이컨을 통해 오직 그의 그림이 요구하는 진실의 시련만을 만나는 것이 아닐까?

나는 이렇게 삶에 전념하면 삶이 몇 시간 동안은 거부할 수 없는 강렬함을 우리에게 제공하리라고 생각했다. 나는 그날 밤에 (세상이 흔들거리는 그 틈새의) 진실이 드러나기를 정말 기대했다.

물론 다른 쪽을 바라보고 미적 쾌락을 경험하는 것으로 만족할 수도 있다. 우리는 그림이 무해한 아름다움을 소비함으로써 스스로를 만족시키는 우리의 일부에 호소한다고 느낄 수도 있다. 하지만 나는 심연을 정면으로 응시하고 있노라면 더 어두우면서 또한 더 풍성한 다른 것이 우리를 부른다는 것을 느낀다.

조르주 바타유는 라스코의 벽을 마주하고 이렇게 말했다. "모든 사람은 자기가 이 풍요로움의 놀라운 광채를 위해 태어났다고 느낀다." 이러한 광채, 이러한 경이,

이러한 풍요는 우리 존재의 가장 어두운 부분에서 발견되어야 한다. 빛은 이 구멍에서 솟아오르는 것이다.

처음에는 거기서 아무것도 보지 않았지만, 그러고 나서는 모든 그림을 한 모금에 마시면서 베이컨의 그림에 깃든 과잉을 나 나름의 방식으로 견뎌냈다. 다른 그림들을 보듯 베이컨의 그림을 볼 수는 없다. 베이컨은 바로 내 안의 과잉을 일깨워주기 때문이다. 과잉 대과잉? 아니다, 그것은 폭력의 전이에 가깝다. 물론 우리는 자신을 보호할 수 있다. 예술작품을 감상하기 위해 고통을 감수하지 않아도 되는 것이다. 왜 예술이 우리를 무無 속으로 던져야 하는가? 하지만 만약 당신이 베이컨의 세계가 당신 안에 들어오도록 허용하면, 당신을 빼앗음으로써 당신이 한 번도 가본 적 없는 곳으로 당신을 데려다줄 경험이 시작된다. 당신에게는 아무것도 남지 않을 것이며, 심지어 당신의 눈은 불에 타버릴 것이다. 그러나 당신은 마침내 보게 될 것이고, 이 두 번째 눈 덕분에 삶의 불타오르는 마음을 다시 발견하게 될 것이다.

나는 방금 재킷 주머니에서 1950년대의 위대한 영

국 비평가 로버트 멜빌이 쓴 몇 문장을 적어 놓은 종이를 발견했다(성姓이 멜빌이라니, 재미있지 않은가). "베이컨은 이론의 여지 없이 르누아르 이후로 가장 위대한 살肉의 화가다. 하지만, 그가 살을 그린 그림의 강렬한 색과 소재의 아름다움은 동시에 공포감을 불러일으키기도 한다. 그 같은 아름다움은 민감한 조직의 부드러운 탄력성과 썩은 고기의 강렬한 무지개빛 사이의 일종의 등가성을 드러내기 때문이다." 나는 이 그림으로 들어가 이 살을, 그것의 벨벳처럼 부드러운 부위와 썩은 부위를 모두 느끼고 싶었다. 하지만 어떻게 그림으로 들어갈 수 있을까? 일 년이 지나고 이 년이 지나면서 이 질문은 내 삶 자체가 되었다. 어쩌면 이 질문을 던지지 않는 것이 더 나을 것이다. 이 실문에서는 부조리한 무엇인가가 계속해서 웃는다. 하지만 이 웃음은 나를 기쁘게 하고, 내 안에서 울린다.

카라바조와 아드리안 제니에 관한 책을 쓰고 보나르와 들라크루아의 그림을 연구하면서 나는 이런저런 질문을 끊임없이 제기하는 모험을 시작했다. 우리는 그림을 감상할 때 무엇을 보는가? 가시적인 것이 그토록 열정적으로 퇴적되는 색채의 사각형 앞에 서면 무슨 일이 일어날까? 이 같은 영향은 우리에게 무엇을 열어 주는가?

나는 사랑에서와 마찬가지로 상호성, 즉 사랑에서처럼 상호성이 발화되는 지점을 찾고 있었다. 더이상은 단순히 대화의 문제가 아니고 심지어는 공유의 문제도 아니다. 감정은 그것을 불러일으키는 대상과 나를 뒤섞고, 이 감정은 내가 결코 알지 못했던 명확성을 내게 제공한다. 이러한 감정이 느껴지면 내 심장은 더 빨리 뛴다.

그림은 내 마음을 넓혀준다. 사람들은 이 문장을 읽고 틀림없이 웃음을 터트릴 것이다. 하지만 이 문장의 낭만 뒤에는 칼이 다가올 때 반짝이는 피가 맥박친다. 거기, 〈오이디푸스와 스핑크스〉에서 내게 손짓하는 상처가 말했듯이, 피가 흘러야만 세상이 말을 한다.

이것이 비극의 정의다. 특히 그의 작품을 보기 위해 미친 듯이 달려간 내 눈에는 분명히 베이컨이 비극과 씨름을 하는 것으로 보였다. 즉 그는 **비극을 재발견**한 것이다. 이로부터 그의 고독도 시작된다. 니체 이후로

이 문을 여는 것은 위험하기 때문이다. 그때 등장하는 괴물들이 반드시 호의적인 것은 아니다. 그리고 우리가 바라보는 밤은 파괴의 유혹에 눈이 먼 세상의 밤이다.

때로 세상은 죽었고, 오직 그림만이 이 세상을 다시 살아나게 하는 것 같다. 밤에 우리가 여는 문은 다른 문으로 열리며, 이 문은 우리를 변모의 현기증 속으로 데려간다. 어디까지? 밤의 깊이는 무한하다.

그리고 그 무엇으로도 저지할 수 없는 이 밤이 바로 내 앞에 있었다. 새벽 1시가 겨우 지났고, 나는 이제 그림 하나하나에 몰두하려고 했다. 나는 그 그림들 앞에 서서 베이컨이 그의 우리에 가두어놓은 그 움직이지 않는 공격에 나 자신을 내맡길 것이다(감각은 덤벼들려고 안달하는 야생 동물이다). 나는 나 자신을 보호하지 않을 것이다. 내 눈은 그가 그린 그림에서 솟구치는 피의 물줄기를 볼 수 있을 뿐만 아니라, 그가 그린 그림의 과잉된 신선함과 색조의 섬세함, 범죄의 병적 풍요로움도 볼 수 있게 될 것이다.

어렸을 때 나는 쥘 베른의 《황제의 밀사》를 열정적으로 읽었다. 주인공인 차르의 전령이 타타르족에게 붙잡혀 손이 묶인 채 고문을 당한다. 그리고 사형 집행인은 그의 눈을 멀게 하려고 눈앞에 하얗게 달구어진 검을 들이대며 외쳤다. "자, 눈을 크게 뜨고 보아라, 보라고!"

이 문장은 마이클 스트로고프의 화상 입은 눈(그의 눈은 그의 눈물에 의해 기적적으로 구해졌다)만큼이나 나의 뇌리에서 떠나지 않는다. 그것은 마치 기도와 위협처럼 내 삶에 울려 퍼진다. 매 순간 눈을 더 크게 뜨고 우리가 볼 수 없는 것을 보고 싶다. 불가능한 것에 접근하고 싶다(이 불가능한 것은 우리 눈을 태우는 불꽃을 견뎌내야만 주어진다).

볼 만한 가치가 있는 것은 어둠에 덮여 있다가 오직 은밀하게만 밝혀진다. 눈을 크게 뜨고 이런 어둠 속에 빠져들면 항상 실명할 위험이 있다. 밤의 물질 속으로 들어가는 것은 곧 어둠과 빛을 구분하는 우리 안의 얇은 막을 자르는 것을 의미한다.

나는 칼날이 매 순간 우리의 시선을 관통하여 그것의 인식을 분열시킨다고 믿는다. 내가 열정적으로 눈을 뜨면 누군가가 나를 바라보고 있다. 그 누군가가 단연코 내 안에 있는 **또 다른 사람**에 불과하다는 사실을

안다고 해도, **내가 바라보고 있는 순간에 나를 보고 있
는 사람은 바로 그 또 다른 사람**이라는 사실을 이해한
다 해도, 나는 나를 부재 속에 가두는 이 이상한 존재
의 존재를 도저히 믿을 수가 없다. 반대로, 나는 문 뒤
편의 다른 방에서 그것의 존재를 계속 감지한다. 그는
필연적으로 나를 지켜보는 맹수이고, 이 맹수의 시선
은 나의 인식을 강화할 뿐이다.

자, 보시다시피, 나는 길을 잃었다. 베이컨의 그림은
아포리아(논리적 궁지)를 심화시킨다. 그의 그림과 접촉
하자마자 우리는 조금 헤매기 시작한다. 의심의 여지
없이 그의 그림은 전염력을 가진다. 왜냐하면 이 전시
회에 들어온 이후로 내 생각은 날카로운 동시에 모호
해졌으며, 길을 잃는 것을 더이상 두려워하지 않고, 이
성을 거스르는 것은 더욱더 두려워하지 않기 때문이다.

나는 극도로 흥분해 있으면서도 동시에 무기력한 상
태로 간이침대에 앉아 있었다. 갑자기 나 자신의 저 밑
바닥으로 떨어지는 듯한 느낌이 들었다. 손이 떨리고
목덜미를 따라 통증이 올라오고 눈이 멍해졌다. 편두
통은 완전히 사라지지 않았다. 아니면 반대로 트라마

돌이 나를 이상하게 만들었을 수도 있다. 정량의 두 배를 복용했기 때문에 아직 잠을 자고 있어야 했지만, 억지로 깨어 있으려고 애쓰다 보니 주변의 모든 것이 흐릿해졌다.

벌떡 일어났다. 머리가 빙글빙글 돌기 시작했다. 아프리카에서 보낸 내 어린 시절의 침실과 그 안에서 무서운 형체들이 움직이는 옷장이 순간적으로 보였다.

베이컨의 그림들이 깜박거리고 있었다. 그 근처에서 맹금류가 배회하는 고기덩어리, 옅은 노란색 경기장에 쓰러져 있는 세 사람, 거울에 비친 깨진 머리, 침대차 안에서 벌어진 대학살, 노란색과 분홍색 투우. 그러고 나자 베이컨이 지금까지 그린 모든 문이 연이어 나타났다. 그러더니 쾅 하고 닫히는 덧문처럼, 신경질적으로 경련을 일으키는 눈처럼, 문이 열리고 닫히는 속도가 빨라졌다.

그것은 더이상 멈추지 않았다. 마치 그림이 다른 그림으로 열리는 것처럼, 문을 열고 들어갈 때마다 다른 문이 나타났다. 나는 손잡이에 손을 가까이 대어 붓을 잡았고, 이어서 열쇠가 자물쇠 안에서 돌아갔다. 다리로 문을 열었다. 내 발에는 입술과 입이 있었고, 이빨은 불이 붙은 꽃다발을 꽉 물고 있었다. 나는 밤이 태양이라고 생각했다. 비명을 질렀다. 그리고 머리를 뒤로 젖힌 채 헐떡거리며 간이침대에 쓰러졌다.

8

상처

"지금 나는 내가 더없이
'시각장애인'이라는 사실을 알고 있다."

—조르주 바타유

물을 몇 모금 마시고 비스킷을 조금 먹었다. 자기 자신
에게로 다시 돌아오는 것보다 더 즐거운 일은 없다. 이
깨어 있는 꿈의 경계에 평생 머물고 싶다. 그것은 파랗
고 하얗다. 꼭 거품처럼 보인다. 나는 이곳, 삶과 죽음
사이에서 끝없이 웃을 수 있을 것이다.

그리고 사실 퐁피두 센터 안에서의 이 밤은 마치 떠
다니는 건널목처럼 보였다. 나는 이해가 되지 않을 만
큼 빠른 속도로 한 상태에서 다른 상태로 이동하면서
꿈의 논리 속으로 들어갔다. 어떤 그림을 감상하며 즐
거움을 느끼자마자 또 다른 그림이 등장해 그 즐거움

을 불안에 빠트렸다. 정서적 불안정성은 혼란으로 이어지지만, 그날 밤 나는 그것이 처한 불균형에서 강렬함을 이끌어내는 감각에 접근했다. 모순이 끊임없이 뒤집혔고, 내가 잠시 휴식을 취하기도 전에 나의 지각은 신경질적인 혼돈 속으로 휩쓸려가버렸다. 그러자 베이컨의 모든 것이 이해할 수 없고 건강하지 않은 것처럼 느껴졌다. 그의 폭력이 나를 아프게 했다. 그러고 나서 진자가 다시 흔들리기 시작했다. 갑작스러운 행복감이 전시회에 다시 빛을 비추었고, 나는 그것의 엄청나게 맑은 에너지만을 지각했다.

거기서 스펭주가 나를 탐욕스럽게 바라보고 있었다. 그리스인들에 따르면, 스펭주는 남자들이 쓰러지는 것을 보며 즐거워했다고 한다. 그녀는 남자를 잡아먹는 식인종이자 침해에 굶주린 음몽마녀다. 그 이름은 '교살자'를 의미한다.

나는 스펭주가 남자들을 경멸하는 것을 충분히 이해한다. 그들은 산을 마주보고 당당히 서서 오이디푸스처럼 자신들 너머에 있는 것을 이길 수 있다고 상상한다. 그러면 그들은 한 명씩 차례로 비탈을 뛰어 내려가서 테베의 성벽을 따라 뻗어 있는 그 불모지에 도착하고, 여기서 스펭주는 그들에게 문제를 내서 그들을 함정에 빠트린다.

우리가 알다시피 이 질문은 그들의 본성과 존재, 그리고 정확히 말하면 그들의 약점에 관한 질문이다. "목소리는 하나이고, 발은 때로는 두 개, 때로는 세 개, 때로는 네 개이며, 발의 숫자가 많을수록 약해지는 존재는 무엇인가?"

오이디푸스가 답을 내놓음으로써 스스로 불행의 왕이 되었기에 우리는 그 답을 알고 있다. 왜냐하면 정답을 말한다고 해서 달라지는 것은 아무것도 없지만, 승리를 거둠으로써 비극이 한층 더 앞당겨지기 때문이다. '인간'은 상처를 의미한다. '인간'은 그의 안에 생긴 상처가 그보다 먼저 존재했다는 사실을 인정함으로써 왕관을 쓴 자다.

오이디푸스는 발에 이 상처가 있다. 그래서 스펭주가 그녀의 질문에서 "발이 많을수록 더 약하다"고 말할 때 그녀는 이미 '인간'이 비틀거리다가 넘어지는 것을 조롱한다.

나는 간이침대에 누워 나 역시 스펭주 앞에, 적어도 그녀를 그린 그림 앞에 서야 하며, 어떤 면에서는 이 대결이 시험처럼 보일 거라고 생각했다. 나는 거기에 깊은 인상을 받지 말았어야 했다. 이 전시장에 들어온 이후로 나는 시험당한 것 말고 무엇을 했는가? 하지만 베이컨의 그림을 본다는 것은 곧 그의 먹잇감이 된다는 것이고, 나는 그의 그림이 나를 놓아주지 않을 거라고 느꼈다.

나는 가방을 열어 일이 잘못될 경우(좀 웃기지만, 나는 내가 지루해할지도 모른다고 생각했다)를 대비해 가져온 책 한 권을 꺼냈다. 그것은 조르주 바타유의 《내면의 경험》이라는 책이었다. 나는 베이컨이 이 책을 읽었다는 사실을 알고 있었는데, 실제로 이 책은 다른 고전들과 함께 이곳의 작은 진열장에 전시되어 있었다. 내가 가져온 《내면의 경험》은 너덜너덜하고 메모와 밑줄로 빼곡했지만, 나는 내가 찾던 문장을 발견했다. "인간이 되기 위해 '죽지' 않는 자는 결코 인간 이상이 될 수 없을 것이다."

자, 그래서 나는 스펭주에게 이렇게 대답하기로 계

획했다. 수수께끼는 치명적이다. 수수께끼를 푸는 사람 자신이 수수께끼가 되기 때문이다. 랭보가 말했듯이 자신의 "치명적인 능력 부족"을 인정하는 미덕이 없는 사람은 사소한 행동에서도 오만함의 냄새를, 즉 베이컨이 오이디푸스의 모습에 부여한 보잘것없는 승리의 냄새를 항상 풍기고 다닐 것이다.

내 경우에는 이러한 능력 부족을 인식하는 것이 어렵지 않았다. 나는 심지어 그에게 헌신적이었다. 나는 뒤로 넘어지면서 다시 한번 스펭주를 축복했다. 밤을 보내기 위해 내게 필요한 것은 침대가 아니라 들것이었다. 그랬더라면 바퀴 달린 침대에 누워 이 방에서 저 방으로 이동하면서 절대적으로 취약한 상황에서 그림을 한 장 한 장 감상하는 내 모습을 보았을 텐데 말이다.

왜냐하면 우리를 약하게 만드는 감정은 우리의 시선을 드러내기 때문이다. 더이상 아무것도, 심지어는 의지조차도 개입하지 않는다. 이렇게 정신을 잃으려는 순간, 우리는 그림과 완전히 하나가 된다. 우리는 그림을 본다. 하지만 우리는 무엇보다도 그림을 받아들인다. 나는 베이컨의 그림이 이성적인 눈에서 벗어난다

고 생각했다. 냉철한 사람들은 그의 그림을 이해하지
못한다.

나는 스펭주의 머리와 오이디푸스의 발(영웅적이면서
도 우스꽝스러운 명예의 발)을 다시 한번 바라보았다. 나는
일어나서 그림 쪽으로 다가갔다. 이 장면에 대해서 생
각해보며 시작하는 것이 논리적일 듯했다. 그림에서
느껴지는 떨림은 신비의 일부가 아닐까?

나는 이곳, 모든 폭력의 근원에, 주문이 만들어지는
방과 인간 조건의 토대를 이루는 범죄의 이면에 있다.
오이디푸스가 '인간'이라고 부르는 존재는 처음으로
스스로를 정의한다. 그래서 나는 반드시 이 그림을 통
과해야만 한다고 생각했다. 불빛이 경로를 표시해준다.
내 길은 어둠 속에서 불타올라야 할 것이다.

여담이지만, 나는 내가 '인간'이라는 단어를 더이상
참을 수 없다는 사실을 고백한다. 나는 이 단어에서 공
작孔雀의 과장되고 시대에 뒤진 허영심을 본다. 그러나
그림에서는, 특히 흐른 피의 침묵이 지배하는 베이컨
의 그림에서는 이 단어가 들리지 않기 때문에 이 같은
불편함은 아무런 의미가 없을 것이다.

눈을 감으면 가장 먼저 보이는 것은 우선 그림의 배경을 구성하는 벽의 선명한 분홍색이다. 그 색조는 지워지지 않는다. 이런 색이 뇌를 사로잡으면 사라지지 않고 눈에 남아 감각을 공격한다. 베이컨의 분홍색은 마음을 가라앉히는 색이 아니다. 그의 분홍색은 실내를 드라마틱하게 뒤덮는 색이다.

두 개의 피조물이 서로 마주 보고 있는데, 둘 다 그림의 가장자리로 인해 잘려있다. 왼쪽 상단에 테라코타 조각상처럼 받침대 위에 서 있는 스펭주의 얼굴은 흐릿하고, 닭의 몸처럼 생긴 몸통은 베이지색이며, 발에는 물갈퀴가 달려 있다. 오른쪽 하단에는 반바지와 메리야스를 입고 다리를 붕대로 감싼 오이디푸스가 장애물(여기서 장애물은 약간 흔들리는 선반에 불과하고, 그는 피묻은 붕대로 싸맨 발을 올려놓고 있다)을 지나기 위해 다리를 뻗고 있다.

나는 실베스터 스탤론이 이 그림의 소유자라는 글을 어디에선가 읽었다. 매일같이 운동선수로 변장한 오이디푸스를 응시하고 있는 록키를 상상하면 미소가 지어진다.

그리고 문 뒤에는 에리니에스가 매달려 있으며, 어둠 속의 그 존재는 공포의 통로를 연다. 마치 그녀가 자신의 턱을 거기에 박아넣은 것처럼, 마치 처벌과 잘못이 불가분하게 연결되어 있는 것처럼, 그리하여 이 두 가지가 시간 밖에서 무자비하게 실행되는 보이지 않는 장면을 열기라도 하는 것처럼, 그녀의 입은 오이디푸스의 발에 묻어 있는 것과 같은 피로 얼룩져 있다.

이 장면의 한가운데서 벌어지는 의식은 일반적으로 잘 알려져 있다(소포클레스의 〈오이디푸스 왕〉에는 나오지 않지만). 스펭주가 오이디푸스에게 질문을 던지고. 오이디푸스가 정답을 말한다. 스펭주는 쓰러지고, 한 인간에 불과했던 오이디푸스는 왕이 된다.

그러나 시련과 그 뒤에 이어지는 축진 뒤에는 더 어둡고 뒤틀린 또 다른 의식이 숨어 있는데, 베이컨의 그림은 이 의식을 뭐라고 이름 붙일 수 없는 방식으로 보여준다. 텅 비어 있는 사원처럼 불안한 무엇인가가 여기에 불가사의한 두께를 펼치고, 에리니에스의 존재는 범죄의 냄새를 풍긴다. 보이지 않는 것은 그 안에 죽음을 가둔다. 이것이 바로 그림의 계시다.

왜 우리가 어떤 그림은 외면하고 어떤 그림에는 끌리는지를 아는 것은 어려운 일이다. 나는 이 그림이 나를 기다리고 있었다고 확신했다. 그림 속의 폭력은 보는 사람을 마비시키는 형태를 취하고, 이 형태는 우리에게 그것을 감상할 수 있는 시간을 준다. 하지만 이 그림에 생명을 불어넣는 어둠은 감상자의 눈에 분명하게 보이지 않는다.

나는 이 그림의 신비를 알아내려 애쓰지 않는다. 게다가 이 책은 해설서가 아니라 오히려 강한 충격의 경험을 이야기한다. 즉 베이컨의 그림처럼 심연으로 가득 채워진 그림들에 다가가면 그것에 흡수될 위험이 얼마나 큰지에 대해 이야기하는 것이다. 그날 밤 내내 나는 이 그림으로부터 나를 보호하면서 이 그림에 최대한 가까이 다가가려고 애썼다. 전문가처럼 거리를 유지한다는 것은 터무니없는 일이다. 몸과 영혼을 바치는 것은 자살 행위다. 베이컨의 그림은(나는 그것을 알고 있었지만, 그것을 내면 깊숙이 체험하고 있었다) 어둡고 심지어는 악마적인 힘을 가지고 있어서, 그림에 모호한 유혹의 아우라를 부여한다. 매혹당하는 사람은 진실이

드러나는 곳에 접근할 수 있지만, 그 대가를 치르게 된다. 모든 진실은 당신을 희생시킨다.

그림에 굴복하지 않고 이 그림들을 경험하는 것이 가능했을까? 미셸 레리스는 베이컨의 그림이 "눈에 미치는 영향과, 이 영향을 통한 정신의 장악이라는 문제"를 지향한다고 쓴다. 즉, 베이컨은 눈을 통해 당신을 붙잡고 당신의 정신을 묶는 것이다.

9

피 묻은 발

나는 어둠 속에 존재하는 무엇인가(생각을 여는 그 지각할 수 없는 것)를 찾았고, 〈오이디푸스와 스핑크스〉가 그것을 나타나게 할 것이라고 느꼈다. 세 등장인물 간의 이 공백, 저절로 돌아가는 나침반 같은 이 말의 삼각형, 살인이 준비되는 이 정신적 공간. 이 모든 것은 비극을 초래하는 분출로 집중된다.

나는 숨을 참았다. 스펭주가 이제 곧 질문을 던질 것이다 ─ 아니면 오이디푸스가 대답을 할 것이다 ─ 그것도 아니면 스펭주와 오이디푸스는 이미 말을 했는지도 모른다 ─ 그렇다면 모든 것이 행해졌다 ─ 모든 것이 행해질 것이다―죽음이 찾아올 것이다―말, 죽음, 그리고 진실―도미노가 쓰러진다―도미노가 쓰러질 것이다―도미노는 계속해서 쓰러질 것이다―그리고 도미노의 쓰러짐을 통해 오류의 이야기 자체가 해방된다. 오류들은 한 가지 오류가 다른 오류를, 오이디푸스의 오류뿐만 아니라 다른 '인간들'의 오류를 연결하며 피할 길 없이 연속된다. 스펭주는 오직 하나의 목소리와 약한 발을 가진 이 두 발 달린 동물들이 그들 자신의 상처를 알아보지 못하기 때문에 서로를 모르며 앞으로도 결코 서로를 알지 못할 거라는 사실을 알고 있다. 그들의 발목에서는 피가 나고, 그래서 그들은 허풍스럽게 붕대를 보여주며 고통스러워하고 투덜댄다. 그러나 오류는 그들의 눈 속으로 들어갔고, 황금 클립으로 진실을 그들의 눈에 박아 넣어야 할 것이다. 진실이 그들의 눈을 터트리도록, 그들이 항상 자신의 오류를 지니고 있었고 그것이 상처와 혼동되었다는 사실을 발견하게 하기 위해서다. 상처는 오류다―오류는 상처다―죽음은 오이디푸스의 눈 속에 있다―눈은 죽음으로 통한다―죽음은 앞을 보지 못하며, 피를 흘린다.

나는 여기저기를 동시에 바라보았다. 범죄가 드러나면서 새겨질 비석의 콘크리트처럼 솟아오른 연회색 바닥, 넓은 분홍색 단일 색조, 베이컨이 근육질이지만 허약한 육상선수처럼 꼴불견인 챔피언으로 그려놓은 오이디푸스의 우스꽝스럽기 짝이 없는 옷차림, 그리고 섬세하고 거의 유령 같은, 마치 마른 물방울처럼 그의 눈을 가리고 있는, 저 위에 있는 스펭주의 머리, 마치 존재를 떠나고 있는 것처럼, 마치 인간들이 지구와 지구의 법칙을 더럽히면서 지배하게 될 이 그림으로부터 지워지는 것처럼 서서히 사라지는 흐릿한 얼굴.

나는 베이컨이 스펭주를 슬픔의 두건을 쓴 인간의 얼굴로 그렸다고 생각했다. 나는 스펭주의 우울함과 베이컨이 분명히 보거나 읽었을 콕토의 《지옥의 기계》를 생각했다. 왜냐하면 이 희곡에서 오이디푸스는 스펭주가 사랑하는 뇌 없는 야심가에 불과하기 때문이다. 스펭주는 오이디푸스에게 해답을 은밀하게 알려줌으로써 자신을 희생한다. 그리고 내가 앞으로 걸어나가느냐 아니면 뒷걸음질 치느냐에 따라 모순되는 파편들로 가득 찬 그 그림에서 ─ 왜냐하면 나는 그림이 아니라 보호유리판을 보고 있었기 때문이다—나는 베이컨이 기자Giza의 피라미드를 방문하고 이집트에서 돌아와 말했던 이 문장을 기억했다. "스펑크스의 이미지를 보고 나면 거리를 지나가는 인간을 보는 방식이 바뀐다."

인간/스펑크스. 어쩌면 이러한 대체가 이 그림의 비밀인지도 모른다. 나는 집착했다. 해독보다 더 중요한 무엇인가를 이 그림에서 얻어내고 싶었다. 나는 이 그림이 그것의 정신을 내게 전해주기를 바랐다. 죽음과 말 사이에서 문이 열리고, 이 문은 나를 환히 비춰준다. 이 그림에서는 섬광이 번득이고 있다. 나는 몸을 떨기 시작했고, 얼마 지나지 않아 정신이 아득해지면서 극도로 흥분하여 계시를 받을 뻔했다. 그와 동시에 내 뼈가 얼어붙는 것을 느꼈다. 이 그림에서 멀어지는 것은 불가능했다. 그 그림의 뭔가가, 나를 마비시키는 머릿속 물렁물렁한 것이 내 정신에 달라붙었다. 에리니에스의 끈적끈적한 어둠으로 열리는 것은 이 그림의 분홍색 단일 색조가 풍기는 부드러운 차가움이었을까?

카프카의 《변신》에서 나를 감동시킨 짧은 문장이 생

각났다. 형언할 수 없는 피조물로 바뀌어 모든 사람으로부터 거부당한 그레고르 잠자는 심한 고통이 끝나갈 무렵 몹시 사랑하는 누이동생이 옆방에서 연주하는 바이올린 소리를 듣는다. 음악에 이끌린 그는 거실의 마룻바닥으로 기어가 누이동생의 시선과 마주치기 위해 머리를 바닥에 가까이 기댄다. 그때 카프카는 "그는 자신이 원하는 생소한 음식으로 이어지는 길을 보는 것 같은 느낌을 받았다"라고 썼고, 이 문장은 나를 사로잡는다.

당신은 이 생소한 음식을 원하는가? 나는 오직 이 음식만을 생각한다. 그리고 그날 밤 오이디푸스와 스펭주, 에리니에스, 수십 개의 다리와 팔과 발과 머리와 손, 거울과 세면대, 유리 조각들, 보도, 살의 반점들, 벌어진 입, 부서지는 반사광을 마주하며 나는 나의 생소한 음식을 향해 가는 중이었다. 나는 매일 하는 것처럼 눈을 크게 뜨고 침착하게, 어쩌면 아무것도 보지 않고, 그러나 어쨌든 열정과 욕망으로 가득 차서, 그리고 온 힘을 다해 이 그림에서 저 그림으로 걸음을 옮기고 있었다. 벌거벗은 자신의 모습을 갑자기 발견하는 것은 끔찍한 일이지만, 혼자만의 밤을 보내는 것은 기분 좋은 일이다.

그림의 중앙에는 스펭주를 향해 똑바로 들어 올려진 오이디푸스의 상처 입은 발이 고통스러운 성기처럼 그려져 있다. 왜 스펭주를 향해 다리를 들고 있을까? 결투는 힘의 과시를 의미하지만, 오이디푸스는 반대로 자신의 약점을 보여준다. 자신의 상처를 마치 왕홀王笏처럼 휘두르는 것이다.

거기서 내 시선이 상처 입은 발로 향했다. 그 발은 마치 신비한 교리가 추종자를 기다리듯 나를 기다리고 있었다. 베이컨은 그 발을 파란 타원으로 둘러싸지 않았던가? 이 타원이 후광을 만들지 않는가? 나는 나 자신에게 말했다. "보라. 너의 모든 눈으로 보라." 양처럼 하얀 붕대를 감고 있으며, 양처럼 세상에 흩뿌려지는 피로 덮인 이 발목은 나에게 상처의 무한함으로 가는 길을 열어주지 않았나?

존재 자체는 상처를 통해 경험된다. 그것이 비극의 의미이기 때문이다. 니체는 이것을 "존재의 영원한 상처"라고 불렀다. 그리고 지금 내 눈에서 눈물이 흐르게 하는 이 그림은 인간의 삶을 옭아매는 이 결핍의 비극을 암호화한다. 결핍에서 벗어나는 것이 가능한 일인가? 결핍은 우리를 입방체 안에 가두고, 위대한 형이상학자인 베이컨은 그것의 숨 막히는 투명무늬를 드러내 보여준다. 결핍은 처음부터 존재한다. 그리고 죄책감은 결핍보다 먼저 존재하기 때문에, 세상은 온통 이중의 미스터리에 싸여 있다.

거기서 비롯되는 상처는 절대 아물지 않는다. 그리고 베이컨의 그림은 그것의 지워지지 않는 특징을 포착한다. 오이디푸스의 발은 끊임없이 피를 흘리고, 상처는 결코 아물지 않으며, 붕대는 평생 피로 얼룩져 있다.

〈오이디푸스와 스핑크스〉를 그리고 나서 일 년 뒤에 베이컨은 〈인도 위의 피〉(1984)를 그렸는데, 이 그림에서 핏자국은 오이디푸스의 상처가 확대된 것처럼 보인다. 더이상 몸도 필요 없고 인간도 필요 없다. 피야말로 진정한 기원이기 때문에 유일한 흔적인 것이다. 오이디푸스는 잘못 생각했다. 수수께끼에 대한 답은 '인간'이 아니라 피였다. 이 년 후 베이컨은 다시 〈바닥의 피〉(1986)를 그렸다. 이 그림은 다른 방에서 나를 기다리고 있었다. 이 그림에서는 수다스러운 존재들이 마침내 제거되고 모든 비극이 사라진 우주가 오이디푸스처럼 모든 것을 망치러 온 정복자의 발기가 아니라, 유색의 무無 속에 서 있는 비석-피라미드의 마지막 발기를 환영하는 것처럼, 피가 튄 테이블이 거대한 주황색 허공 위로 솟아오른다. 그것은 스펭주의 피인가? 그럴 수도 있다. 베이컨이 여러 그림에서 되풀이한 것처럼, 유일한 수수께끼는 피다. 피는 존재에 달라붙는다. 피는 그림의 비밀스러운 이름이다.

10

상상할 수 없는 것

"나는 당연히 경계하고 있다."

—프랜시스 베이컨

새벽 1시 27분이었다. 밤이 다시 활기를 띠기 시작했다. 나는 베이컨과 그림, 나의 욕망, 그리고 심지어 내가 아프리카에 살 때 쓰던 방까지 모든 것이 이 밤을 통해 더 깊어지기를 바랐다. 영혼들이 지켜본다. 그것들은 때로는 위협적이다. 그러나 글을 쓰다 보면 장애물은 호의로 바뀐다. 그리하여 우리는 **우리 자신의 밤을 통과**하게 된다.

시간을 들여 〈오이디푸스와 스핑크스〉를 감상하기를 잘한 것 같다. 왜냐하면 이 그림은 상상이 우리 안에 불러일으키는 열정을 내게 아낌없이 주었기 때문이다. 이제 나는 다른 그림들을 마치 그것들이 이 그림에서 유래하기라도 한 것처럼 다시 보고 싶어졌다. 수수께끼, 상처, 피. 이 놀랍고 중요한 단어들이 내 머릿속에서 소용돌이쳤다. 이 단어들은 내 눈을 뜨게 해주었다. 베이컨은 이 단어들을 내게 전해주었고, 나는 곧 그것들과 함께 비밀을 풀 것이다.

마지막으로 오이디푸스의 발을 한 번 더 보고 감상을 마치려던 나는 이상한 점을 발견했다. 처음에는 내 눈을 의심했지만, 이제는 분명해졌다. 그의 발이 **거꾸로 그려져 있는 것**이다.

나는 단어를 통해 베이컨의 그림을 보여주고 싶다. 나는 여러분이 이미지 없이도 내 내면의 이야기를 따라갈 수 있다고 생각한다. 그리나 그림에 관한 책, 특히 그림이 함께 수록되지 않은 책은 그림을 보고 싶은 욕구를 불러일으키는 게 당연하다. 게다가 나는 이런 책이 이 같은 욕구를 불러일으키기를 **바란다.** 내 생각에 이 책은 사색적이고 흥분된 방식으로 "미지의 음식으로 이어지는 길"을 제안할 뿐이기 때문이다. 독자와 내가 공유하는 그 불가사의한 존재는 물론 그림이다.

나는 이 책이 베이컨의 그림들을 존재하게 만든 단어들을 발견하고, 그것들을 보고 싶다는 욕구를 불러일으키면 좋겠다. 문학의 모호함 자체도 이와 마찬가지인데, 문학은 단지 문장의 세계를 조정할 뿐이지만 이러한 문장을 통해 또한 우리가 살고 있는 세계를 조명한다고 주장한다. 이중의 소명은 항상 광적인 일이다. 이러한 모험을 하는 것보다 더 멋진 일은 없다.

나는 독자가 베이컨의 작품이 실려 있는 카탈로그를 펼쳐보거나 휴대폰으로 찾아볼 만큼 호기심을 충분히 자극했기를 바란다. "베이컨 오이디푸스 스핑크스"를 입력하고 이미지를 확대하라. 그리고 오이디푸스의 발과 발가락을 보라.

뭔가가 눈에 띄지 않는가? 엄지발가락을 확대한 다음 허벅지를 살펴보라. 베이컨은 오른쪽 다리를 그려놓고 그 끝에 왼쪽 발을 그렸다.

보이지 않는가? 다시 한번 발의 비틀림을 자세히 살펴보라. 맨 오른쪽에 있는 엄지발가락은 이것이 왼발이라는 것을 증명한다. 그런데 베이컨은 이 왼발을 오른쪽 다리에 고정했다.

나는 이것이 실수라고 얘기하는 것이 아니다. 천재들은 실수를 하지 않고, 그들의 환상은 항상 어떤 의미(심지어 그들이 이 의미를 이해하지 못하더라도)를 가진다. 나는 여기, 논리에 반대되는 방향으로 돌린 발가락 끝에서 수수께끼가 요동친다고 느꼈다.

이 같은 전도顚倒는 오랫동안 나를 매료시켰다. 나는 그것을 설명하려고 애썼을 뿐만 아니라 경험하려고도 애썼다. 내 시선을 조절해, 그것이 괴물처럼 노골적으로 보이게 했다. 괴물은 스펑주라기보다는 오이디푸스이기 때문이다. 범죄자, 부모 살인범, 근친상간자. 이보다 더 나쁠 수는 없다.

오이디푸스 이후로 '인간'이 괴물의 자리를 차지했다. 살인을 주도하는 것은 바로 인간이다. 그는 제물을 바치는 사제가 되었다. 그가 제물로 바치는 것은 동물과 그의 종족들이다. 그는 강간하고 학살하고 말살한다. **'인간'은 그가 싸우고 있는 비인간적 존재 그 자체다.**

베이컨은 그가 희생의 피가 흐르는 이 좁은 통로, 즉 휴지기에 속해 있음을 우리가 추측하도록 하기 위해 오이디푸스의 몸에 이런 접목을 한 건 아니었을까? 오이디푸스는 기형이 신성시한 이 분리된 세계에서 진화한다. 이런 의미에서 성스러운 곳은 범죄의 장소이며, 칼이 삶과 죽음을 가르는 곳이다. 이런 장소에서 살 수는 없다. 베이컨은 그것을 알고 있다. 그는 살기 힘든 장소를 그린다.

우리가 보았듯이 수수께끼에 대한 답은 분명히 '인간'이 아니라 '오이디푸스' 자신(그리고 우리에게 해답을 제공하는 것은 베이컨이다)이다. 그는 인간인 동시에 비인간이기 때문이다.

상처 난 발 위에 떠 있는 파란색 타원을 마지막으로 바라보았다. 베이컨 자신은 이 타원을 통해 비정상에 주의를 기울인다. 이 타원은 살 만한 세계에서 벗어나는 공간을 가리킨다. 그리하여 우리는 진실의 간격을 통해 상상할 수 없는 것에 접근하게 된다.

재현에 균열이 생기고 불가능한 것이 드러나는 순간, 또 다른 차원이 열린다. 우리는 더이상 숨 쉬는 삶 속에 있지 않고, 삶과 죽음을 갈라놓는 숨의 정지 상황에 있다. 이러한 공간은, 어떤 지도에도 나타나지 않는다는 의미에서, '존재'하는 것이 아니라, 우리가 계속해서 빠져드는 미스터리가 펼쳐지는 심연 속에 있다.

우리는 대부분 그러한 체험에 초대받았다는 사실을 깨닫지 못한다. 우리는 우리를 기쁨으로 가득 채우거나 두려움에 떨게 하는 인물과 마주하게 되고, 이처럼 계시받고 진실과 충돌하는 관계에서 그것이 우리의 것이라고 말하는 존재가 도출된다. 이날 밤 베이컨 덕분에 나는 삶과 죽음이 얽힌 엄청난 게임에 빠진 나 자신을 보았다.

어둠 속에서 칼날이 빛나고, 이 칼날은 삶, 죽음, 삶을 매 순간 분리한다. 칼날의 반짝임이 우리를 입문시킨다.

그날 밤이 시작될 때 "성소의 깊은 곳으로 들어가라"는 음성이 들려왔다. 나는 한참을 헤맸다. 그러다가 오이디푸스의 발이 내게 손짓했고, 성소가 열렸다. 그리고 이제 전시회가 나를 부르고 있었다.

11

관능, 목소리, 고기

나는 출발했고, 그림들은 내게 새로운 방식으로 말을
걸었다. 그림들이 변한 것이다. 나는 그림들이 만들어
낸 변화의 본질을 완전히 이해하지는 못했다. 하지만
이를테면 그 그림들에 어린 시절과 관련된 정서적 연
속성이 존재했었다는 말은 할 수 있다. 베이컨의 그림
을 볼 때 눈에 띄는 것은 아니지만, 나는 이 같은 사실
을 잘 알고 있다. 그렇지만 몸과 몸짓, 색채에 생기를
불어넣는 섬세함이 나를 다시 그림으로 데려간다. 의심
할 여지 없이 그것의 활력은, 안 보이지만 누드에 대한
날카로운 접근 속에서 지속되고 그림들 속에서 몸부림

치는 각각의 고독을 해소하는 사랑하는 장면에서 비롯된다.

어쩌면 나는 잠에서 깨어난 후 한 가지를 이해했는지 모른다. 아니면 오히려 이 한 가지를 뼈저리게 느꼈는지도 몰랐다. 조르주 바타유처럼 "경험 속에서는 더이상 제한된 존재가 없다"라고 말할 수도 있을 것이다. 그리고 내가 마침내 한없이 자유로운 무한한 존재가 되었다고 느껴지는 것도 사실이다. 하지만 나는 나만의 방식으로 그것을 표현하고 싶으며, 불안은 벽이 아니라 찢어지는 시트라고 말하고 싶다. 내가 스핑크스, 아니, 더 정확히 말하자면 오이디푸스를 정복하고 나서 내게 일어난 첫 번째 일은 고뇌를 찢어버리는 것이었다(나는 지금 웃으면서 이렇게 말한다). 왜냐하면 장애물은 질문 속에 있는 것이 아니라 대답 속에 있다는 사실을 깨달았기 때문이다. 오이디푸스에게는 사랑이 부족하고, 사랑이 없으면 아무것도 볼 수 없다.

그래서 나는 이 방에서 저 방으로 이동하면서 멈추고 보고 다가가고 뒷걸음질 쳤다. 내가 느낀 감정은 그어디에도 쌓이지 않았고, 심지어는 단어가 되지도 않았다. 나는 그림이 나를 통과하도록 내버려 두었다. 무엇이 우리를 한 그림을 다른 그림보다 더 좋아하게 만들까? 때로는 세부적인 것이 그렇게 만든다. 그날 밤 나는 마치 여신을 숭배하듯, 1970년 〈3부작〉에서 사랑을 나누는 커플 위에 매달려 있는 노란색과 흰색 전구를 좋아했다. 그리고 전구보다는 밝고 선명한 심장처럼 생긴 녹색 그림자를 더 좋아했다. 포옹할 때 터지는 심장은 비밀스러운 초록색이다.

베이컨은 자기 그림의 미스터리를 간직하기 위해 "사실의 난폭함"이라는 표현을 계속 반복했다. 그는 자신이 추구하는 것은 다른 게 아니라 바로 이것이라고 주장했고, 훗날 레리스도 그의 그림에 대해 논평할 때 이 단어를 사용했다. 물론이다. 하지만 관능이라는 단어는 어떨까? 관능은 비명을 지른다. 감각의 관능. 서로를 끌어안는 몸들의 관능. 허벅지 사이에서 타오르는 색들의 관능. 사랑놀이를 지켜보는 빛의 관능. 사랑을 나눌 때 녹색 빛이 공간 전체를 비춘다. 당신은 허용되고, 격려받는다. 세상은 몸들의 만남에 동의한다.

그리고 한 그림에서 다른 그림으로 옮겨 다니면서

나는 균열을 찾았다. 나는 울타리 너머로 보고 싶었다. 불과 삼십 분 전만 해도 매 순간이 힘들었는데 갑자기 편안한 상태에 이르다니, 참으로 이상한 일이다. 나는 액체와 지식, 그리고 심지어는 어쩌면 내가 들어가고 나가고, 통과하고 통과당할 수 있게 해주는 열쇠까지 가지고 다녔다. 〈오이디푸스와 스핑크스〉를 마주한 나는 균열을 발견했다. 상처 입은 발의 비정상, 불가능한 일관성, 눈에 안 보이는 범죄. 그러자 모든 것이 열렸고, 나는 보기 시작했다.

나는 그곳, 전시가 끝나는 곳에서 황소와 핏자국이 나를 기다리고 있다는 사실을 알고 있다. 이 책은 나를 두 개의 빛의 파편으로 데려간다. 내가 오이디푸스와 스핑크스의 분홍색 물질을 통과했기 때문에, 이제 그것들은 더이상 나의 눈을 가릴 수 없을 것이다. 반대로 눈 하나가 마치 램프처럼, 마법의 등불처럼 내 문장 속에서 환하게 빛난다. 마법이 공포를 이긴다. 마법이 혼돈을 변모시킨다. 나는 이제 혼자서만 괴물들과 함께 있게 되어서 기쁨으로 가득 차 있다고 말할 자격이 있을까?

하나의 극단에서 또 다른 극단으로 나를 던지는 감

정들이 번갈아 나타나며 밤이 흘러갔다. 하지만 나는 같은 과정을 유지했다. 혼란에 빠지지 않고 베이컨 전시회장을 돌아다닐수는 없는 일이었다.

거기서 나는 반사광 때문에 또렷하게 볼 수 없었던 바로 그 그림들을 스치듯 지나 내가 맨 처음에 들어갔던 전시실로 향했다. 맹금류가 지켜보는 연보라색과 오렌지색 고기 한 덩어리, 살덩어리에서 날씬한 상반신이 빠져나오는 〈인체를 기반으로 한 연구〉, 연분홍색과 샛노란 색 고리 너머에서 펼쳐지는 투우, 특히 알몸으로 진 바지를 발로 밟고 있는 〈세면대 앞의 남자〉(1989~1990)(그리고 데님 천으로 된 이 아름다운 원단 조각은 푸른 물웅덩이를 만들어내고, 이 물웅덩이의 강렬한 빛은 나를 기쁨으로 가득 채웠다). 나는 그곳, 첫 번째 방으로 들어가면서 다시 목소리를 들었다.

새벽 1시 40분경이었다. 내가 다시 들은 목소리는 몇 시간 전에 나를 맞이했던 목소리가 아니었다. 다시 들려온 그 어조는 훨씬 더 장난스럽게 느껴졌다.

그 목소리는 내가 그때까지 관심을 가지지 않았던 작은 아치형 방에서 흘러나오는 것 같았다(사실 나는 몇 시간 동안 그 목소리에 전혀 주의를 기울이지 않았다). 목소리를 향해 걸어가면서 나는 그 목소리가 말하는 것을 이해하기 시작했다. "도살장은 고대 사원이 기도와 살인이라는 두 가지 목적을 동시에 가지고 있었다는 의미에서 종교의 영역에 속한다."

나는 이 문장을 알고 있다. 조르주 바타유가 쓴 것으로, 프랜시스 베이컨이 그의 서재에 가지고 있던 〈도퀴망〉지에 실린 유명한 글이었다. 그는 1929년 스무 살의 나이로, 파리에 살며 지적인 삶에 열중할 때 이 잡지를 구독했다.

그리고 그 목소리는 배우 마티유 아말릭의 목소리였다. 그 목소리가 누구의 목소리인지 알았을 때 나는 안도감이 들어서 웃음지었다. 외로움이 딜 느껴졌기 때문이다. 마티유 아말릭이 거기 있었다는 사실을 저녁 일찍 알았더라면 그렇게까지 겁을 먹지는 않았을 것이다. 나는 스피커 옆의 작은 벤치에 앉아 녹음 전체를 들었고, 조르주 바타유의 블랙 유머와 마티유 아말릭의 경쾌한 억양은 나를 행복하게 해주었다. "요즘 도축장은 콜레라를 옮기는 배처럼 저주받고 격리되어 있다. 그런데 이 저주의 희생자는 도축업자나 동물이 아니라, 오직 자신의 추함(청결함, 옹졸함, 지루함에 병적으로 반응하는 것)만을 참을 수 있는 지경에 이른 선량한 사람들이다. 그들은 저주를 받아 도축장에서 최대한 먼 곳에서 살아가고, 조용히 무정형의 세계에 은거하게 된다."

웃음이 터져 나왔다. 이 "선량한 사람들"은 베이컨의 그림이 "너무 폭력적이고" "잔인하고" "가학적"이라고 생각하여 그것을 못 견뎌 한 바로 그 사람들이었다. 시대를 막론하고 선한 사람들은 세상으로부터 계속 충격을 받아, 그 세상으로부터 이익을 얻을 수만 있다면 기꺼이 자기들끼리 잘 지낸다. 그들은 오직 자신들의 이익에 맞는 것만을 받아들인다. 그림을 그릴 권리는 없지만, 그들은 사업을 한다. 나는 극단적인 관심 부족이 극단적으로 압축된 "거세된 눈"이라는 표현을 어디에선가 읽은 적이 있다. 인간의 눈을 가리는 어둠의 층은 분노를 불러일으키는 무력함을 감춘다.

내 주변의 고깃덩어리들이 반짝이고 있었다. 그중의 한 고깃덩어리는 인간의 어둠을 향해 펼쳐져 있는 베이지색 우산 위에서 십자가 책형을 형상화한다. 이 그림은 〈'회화 1946'의 두 번째 버전〉(1971)이다. 노란색과 회색 배경에 껍질이 벗겨진 상반신이 그려져 있고, 갈비뼈는 얼굴-턱(그 위에는 두 개의 붉은 뼈가 있고, 이 뼈들은 우리를 응시한다)처럼 드러나 있으며, 마치 그리스도(해부학적이고 머리가 없는)처럼 양쪽으로 뻗은 두 팔은 베이컨이 그토록 좋아했던 그뤼네발트의 〈이젠하임 제단화〉를 생각나게 한다.

하지만 그리스도와 달리, 고기는 우리를 구원하지 못할 것이다. 동물의 산업적 희생은 결코 인간의 죄에 대해 속죄할 수 없으며, 세계적인 규모로 이루어지는 소화의 허무함을 악화시킬 뿐이다.

그러나 고기가 내게 불러일으키는 연민은 항상 두려움보다 강하다. 날것의 심장처럼 꿈틀거리는 고기의 보라색은 지독한 사랑의 문을 열어준다. 분홍색과 파란색, 그리고 여러 가지 의미로 해석될 수 있는 팔레트 전체는 내가 베이컨을 연상하는 색이다. 배내옷의 파란색과 분홍색, 모태母胎의 파란색과 분홍색. 탄생과 죽음.

화가는 사랑하면서 생각한다. 그림은 가장 사색적인 형태의 사랑이다. 베이컨은 죽는 것에 연연해하지 않는다. 그는 썩은 고기를 외면한다. 베이컨이 도축장을 정면으로 응시하는 것은 바타유가 우리의 '저주'라고 부르는 것을 들려주기 위해서다. 인간은 피에 혐오감을 느끼는 살인자다.

질 들뢰즈는 그가 베이컨에 관해 쓴 저서에서 다음과 같이 외친다. "불쌍한 고기 같으니!" 이보다 더 진실한 외침은 없다. 그날 밤 베이컨의 그림들은 이렇게 소리쳤다.

여기서 나는 베이컨이 자신을 정육점 진열창에 매달려 있는 고깃덩어리와 동일시하는 유명한 문장을 들어보고 싶다. 왜냐하면 이 문장은 병적인 즐거움에서 나온 것이 아니라 연민의 현기증에서 비롯되기 때문이다. 이러한 사랑보다 더 위대한 것은 없으며, 이러한 대체代替보다 더 중대한 결과를 초래하는 것은 없다. "정육점에 갈 때마다 나는 내가 동물의 자리에 있지 않다는 사실이 항상 놀랍다."

이것이 그의 예술의 미친 듯한 목표다. 베이컨은 죽은 동물을 대신하여 그림을 그리는 것이다.

12

내 영혼의 이야기(1)

내가 아프리카에서 살 때 쓰던 방이 단숨에 돌아왔다. 한 여인이 내게 미소 짓고 있었다. 그녀의 미소는 전시회장에 틈을 만들었다. 그것은 악마처럼 사나워 보였지만 나를 두렵게 하지는 않았기 때문이다. 이 그림 쪽으로 걸어가면서, 내 어린 시절 성소의 벽을 장식했던 도곤족의 가면 중 하나를 알아봤다.

베이컨이 그린 여인의 얼굴은 둘로 나뉘어 있었다. 한쪽은 눈과 입 가장자리가 검은색으로 둘러싸여 있었고, 다른 한쪽은 피부가 푸르스름하게 비쳐 보이는 종이처럼 벗겨져 있었다. 말리의 반디아가라 절벽에 있는 가면들은 바로 이렇게 구성되어 있다. 여기서는 어둠과 빛이 서로 대립하여 통로를 만든다.

내가 살던 방의 벽과 걸려 있던 선풍기, 두 개의 흑단 가면으로 둘러싸인 여우의 머리가 생각났다. "이것이 끝이야, 내 유일한 친구, 끝이야"라고 외치는 목소리에 이어, 내 머릿속에서 불안이 커지는 것을 막기 위해 도곤족의 우주 발생론에 등장하는 의례적 문구를 되풀이하는 좀 더 내면적인 목소리가 들려왔다. 나는 말했다. 난 옷장 속의 괴물들이 내 마음을 뒤흔드는 걸 원치 않아.

그 여인의 웃음소리를 들으니 당시 나의 강박관념을 뚫고 지나간 번개가 떠올랐다. 실제로, **번개의 웃음**은 해방감을 안겨준다. 나는 보부르에 번개가 나타난 것을 보고 그날 밤은 행운이 내 편이라고 생각했다.

아프리카 화가 베이컨? 이렇게 말하면 전문가들은 코웃음을 칠 것이다. 하지만 마법사의 힘은 국경과 문화를 초월하지 않나?

이 여인의 등장으로 인해 나의 밤은 균형이 무너져 욕망의 세계로 빠져들었다. 그녀가 벌거벗고 있다고 내가 말했던가? 그녀의 가슴과 허벅지는 마치 바쿠스 신의 여제관처럼 오만해 보였다. 그녀의 모든 것이 도전적이었다. 문턱을 넘는 모습을 담은 그 그림은 그녀의 성적 긍정을 내게 전해주었다.

이 그림은 〈출입구에 서 있는 여성 누드〉(1972)라는 작품이다. 베이컨은 친구 헨리에타 모라에스의 육체적인 충만함에 영감을 받아 여기에서 그녀를 그렸다. 그는 그림을 그리기 위해 사진작가 친구인 존 디킨에게 찍게 한 그녀의 침대 위 알몸 사진을 많이 가지고 있었다.

그리고 이제 이 누드의 등장과 함께 나는 최초의 감정으로 되돌아갔다. 문장을 여는 밤에, 에로틱한 빛이 신비로움을 선사한다. 나는 이 느낌에 충실하기 위해 책을 쓴다. 니제르의 내 방에서 나는 마치 열병을 앓듯 감당하기 힘든 내적 갈등을 벌이면서 끝없이 계속되는 이 모험에 입문했다.

이런 것들은 **내 영혼의 역사**에 속하고, 그래서 말할 수 없는 것들의 일부이기도 하다. 하지만, 서사에서 벗어나기 위해서는 반드시 이미지가 필요하고, 글을 쓰고자 하는 욕망은 이 행복한 비밀의 빛에서 자양분을 얻는다.

한 어린 소녀가 내 마음을 흔들어놓았다. 그녀는 빛과 어울리는 금발의 부드러움을 가지고 있었다. 그녀의 모든 것이 환하게 빛났다. 그녀의 눈과 피부, 미소가 마치 시처럼 빛나는 광채로 가득했다.

어느 늦은 오후, 그녀와 단둘이 있었을 때 그녀가 취했던 몸짓이 아직도 생각난다. 방과 후, 부드러운 황금빛이 그녀의 얼굴을 감쌌고, 드러난 어깨와 솜털 같은 금발 머리가 내 마음을 어지럽혔다. 그녀는 성모 마리아 메달과 작은 열쇠가 달린 금목걸이를 목에 걸고 있었다. 나는 내 입술을 그녀의 입술로 가져갔고, 그녀는 눈을 감고 팔을 머리 위로 들어 올렸다.

이것은 베이컨이 그린 몸짓이다. 물론 그 어린 소녀에게는 헨리에타 모라에스같은 폭력적인 대담함이 없었고(우리는 각각 열세 살과 열네 살이었다), 다행히 베이컨이 그린 헨리에타의 마법에 걸린 얼굴도 보이지 않았다. 하지만, 그녀의 몸짓은 몇 년 후 내가 사랑을 나눌 때 다시 보게 될 그 부드러운 포기의 몸짓과 똑같았다.

며칠 뒤에 부모님과 여동생, 그리고 나는 아요루에

마지막으로 남은 야생 기린들을 찾아 떠났다. 도중에 우리는 사막 한가운데에 있는 한 마을에 들렀다. 아버지가 그 마을에서 일요일에 열리는 제례 의식에 초대받은 것이다.

그 소녀는 자신의 초상화를 내게 선물로 주었고, 나는 그것을 《황제의 밀사》 2권에 끼워 넣었다. 아이들에게 둘러싸인 마을 촌장이 우리를 반갑게 맞아주며 응고된 우유로 만든 음료를 건네주었고, 그걸 마신 나와 여동생이 얼굴을 찡그리자 아이들이 깔깔대며 웃었다. 의식은 바오밥 나무 아래에서 거행되었는데, 몹시 불안해 보이는 한 노인이 주례를 맡았고, 그의 머리에는 뱀들이 서로 얽혀 있었다. 뱀들은 살아 있었을까? 그런 것 같았다. 아버지가 나중에 이 노인은 마을의 마법사라고 설명해주었다.

나와 내 여동생은 눈앞에서 벌어지고 있는 일의 의미를 이해하지 못했다. 마법사는 복잡한 의식을 진행하고, 해골을 다루고, 어둠의 힘을 불러냈다. 그러던 그는 신들린 상태에서(그 모습을 본 우리는 공포에 사로잡혔다) 갑자기 차양 뒤에 가려져 있던 동물을 죽였다. 우리는 버드나무 가지 너머로 그 광경을 바라보며 희생된 동물이 양이라고 추측했다.

의식이 끝나자 마을 촌장은 학교를 보여주겠다며 부모님을 데려갔다. 아이들은 내 여동생 주위로 몰려들어 즐거운 북새통을 이루었다.

마법사가 손에 피를 묻힌 채 내 쪽으로 다가왔다. 뱀들이 그의 머리에서 꿈틀거렸다. 그들의 눈이 독 묻은 구슬처럼 반짝였다. Y자 모양을 한 그들의 혀를 본 나는 공포에 사로잡혔다. 도망치고 싶었지만, 내가 들고 있던 책이 떨어지고, 마법사가 내 팔을 붙잡았다. 그가 내게 모래로 덮인 쟁반과 막대기를 건넸다.

뱀이 내게서 불과 몇 센티미터 떨어진 곳에서 쉭쉭거렸다. 나는 온몸이 마비되었고, 마법사는 신경질을 냈다. 나는 막대기를 들고 모래판에 내 이니셜을 그렸다.

YH

마법사는 석판 위로 몸을 기울이며 소리를 지르고 내가 그린 글자 위에 피를 뿌리더니 눈이 뒤집힌 상태에서 춤을 추었고, 아이들이 손뼉을 치며 그와 함께했다. 뱀들이 번개처럼 빛을 발하더니 한 마리씩 모래로 떨어져서 내게로 기어왔다. 마법사가 금방이라도 얼굴이 찢어질 것처럼 큰 소리를 내질렀다. 그가 갑자기 내게 피를 뿌리고 그의 머리에 마지막으로 남아 있는 뱀을 붙잡아 내게 던지려고 했다. 나는 여동생의 손을 잡았고, 우리는 《황제의 밀사》와 어린 소녀의 초상화 등 모든 것을 잊고 도망쳤다. 내 뒤에서 마법사가 저주를 퍼부었다.

집에 돌아온 나는 사흘 동안 열병을 앓았다. 부모님은 불안해했다. 내가 니바퀸(말라리아 치료약)을 제대로 복용했던가? 나는 내가 저주를 받았다는 얘기를 감히 그들에게 할 수가 없었다. 나는 저주받았다. 아르토가 말했듯이 "악령에 사로잡힌" 것이다. 뱀이 내 방의 방바닥을 물결치듯 기어 오더니 내 침대를 타고 오르는 것이 보였다. 나는 밤새 한숨도 못 잤다. 옷장이 덜컹거리고, 마법사가 거기서 나올 기세였다.

그는 왜 나를 저주했을까? 그는 내 이름의 이니셜에서 무엇을 보았을까? 나는 표현할 수 없는 것을, 결코 지울 수 없는 것을 쫓아내려고 애쓸 뿐이야, 라고 내 마음은 생각했다. 내 생일이 되면 나는 부모님께 흑단 가면을 사달라고 부탁해서 벽에 걸 것이다. 나는 분홍색과 파란색으로 번득이는 나의 여우 초상화를 이 가면들 사이에 걸어놓고 생각하며 어둠에 맞서는 용기를 내게 불어넣을 것이다.

데이비드 실베스터와의 인터뷰에서 베이컨은 자기가 "편안하게 지낼 수 있는 부류의 사람이었던 적이 단 한 번도 없었다"라고 유머러스하게 설명한다. "나는 결코 긴장을 풀지 못하는 사람입니다"라고 그는 말한다. 그날 밤 보부르에서 나는 아프리카의 내 방에 있을 때만큼이나 긴장했다. 그때 나는 삶과 죽음이 끊임없이 투쟁하고 있으며 본질적인 것은 보이지 않는 차원에서 일어난다고 느꼈다. **주술을 무력화하기** 위해 취해야 할 몸짓과 말해야 할 구절이 있었다. 의식을 꼼꼼하게 진행하지 않으면 찬장이 열리고 뱀이 내 목을 감고 똬리를 틀지도 몰랐다.

나는 소녀에게 내가 그녀의 초상화를 잃어버렸다는 말은 하지 않았다. 하지만, 초상화를 잃어버리는 바람에 내 잘못이 커졌다는 느낌이 강하게 들었다. 그래서 나는 그녀가 그랬던 것처럼 옷장 열쇠를 목걸이에 건

다음 열쇠를 주먹으로 꼭 움켜쥐었다. 나는 때때로 마음이 너무 혼란스러워서 그 열쇠를 소녀의 열쇠와 혼동하곤 했다. 내 머릿속에서는 모든 것이 분열되고, 모든 것이 뒤집히고, 어둠과 빛이 신과 악마처럼 서로 마주 보고 있다. 따라서 성스러운 것의 메아리가 당신 안에서 울리기만 한다면 열쇠는 괴물을 찬장에 가두어놓고 사랑의 정원을 연다. 지옥을 잠그면 천국이 열리는 것이다.

나는 길을 잃은 것일까, 아니면 치열한 삶 속으로 들어가고 있는 것일까? 그 당시 나는 어둠 속으로 빠져들지 않기 위해 특히 이런 질문을 나 자신에게 던지곤 했다. 그리고 어린 소녀의 열쇠는 무엇을 열었을까? 랭보의 시에 등장하는 '사랑의 열쇠'라는 시구는 나를 꿈꾸게 한다. 그것은 아마도 어린 소녀가 성모마리아 메달과 함께 목에 걸고 있던 열쇠인지도 모른다. 나는 그녀의 초상화를 잃어버렸지만, 이 몇 년 동안 쉼 없이 글을 쓰다 보니 이따금 **열쇠가 보이는 것 같기도 하다.**

그러고 나서 나는 마법사가 나를 해치려던 게 아니라, 단지 내 안에 부정적인 존재와 매듭, 족쇄가 있다는 사실을 알아봤을 뿐이라고 이따금 생각했다. 어쩌면 그는 내가 나의 악마를 뱉어내길 원했을지도 모른다. 내가 두려워한 것은 희생의 대상이 나라는 것을 막연하게 느꼈기 때문이다.

13

내 영혼의 이야기(2)

몇 년 후, 파리에서 "베이컨-피카소, 이미지의 삶" 전
시회(2005)가 열렸을 때, 나는 피카소 미술관에서 베이
컨의 가장 유명한 그림인 〈십자가 책형을 위한 세 개의
습작〉을 마주하게 되었다. 1944년 전 세계에서 자행된
대학살의 와중에서 그려진 이 3부작은 인류가 겪은 끔
찍한 공포의 깊이를 혐오스러운 방식으로 증언한다.

　이 그림을 마주 보는 순간 나는 두려움에 사로잡혔다.

　세상의 모든 마법이 삼각대 위에서 비명을 지르며
몸을 뒤틀고 있는 세 개의 회색 살덩어리를 통해 내 얼
굴로 달려들었다. 나는 이빨을 드러내고 피를 철철 흘

리는 그들의 입이 역겨웠다. 마치 우리를 빨아들이려고 지옥에서 올라온 거대한 애벌레 같았다. 애벌레들이 풀려난 주황색 배경은 녹처럼 삐걱거렸다. 꼭 니제르의 모래 같았다. 그러다가 갑자기 뱀들이 내게 덤벼들었다.

나는 피카소 미술관의 계단을 급히 뛰어 내려와 내 머릿속에 그런 괴물을 집어넣은 운명을 저주하며 거리로 도망쳤다.

수년 동안 나는 베이컨을 내가 겪는 고통의 대상 자체를 그려낸 화가라고 생각했다. 그런데도 나는 베이컨을 존경했고 그의 작품을 자주 보러 갔다. 하지만, 그의 전시회에 가거나 전시회 도록을 훑어볼 때는 그의 〈십자가 책형을 위한 세 개의 습작〉과 마주치지 않도록 조심했다.

우리가 보고 싶어 하지 않는 것은 언젠가 더 큰 폭력으로 돌아오며, 바로 이것이 터부의 법칙이다. 그리하여 15년 뒤에 뱀들이 다시 돌아왔다. 1944년에 그려진 3부작의 형태가 아니라 더 음험하게도 그것의 아바타로 나의 밤에 잠입하는 데 성공한 것이었다. 베이컨은 사실 1988년에 이 그림을 리메이크했고, 내가 마주하게 될 것은 바로 이 버전이었다.

나는 그 그림이 여기 있다는 것을 알고 있었지만, 초저녁부터 그것을 외면했다. 심지어 나는 그 그림에 대해 아예 생각조차 안 하기까지 했다. 내 눈을 멀게 한 불안함은 아마 이 그림 때문이었을 것이다. 나는 3부작이 어디에 걸려 있는지 정확히 알았고 그것을 피하려고 온갖 노력을 다했다.

그러고는 별다른 생각 없이 초저녁에 더듬거리며 지나갔던 복도를 따라 내려갔다. 이번에는 더이상 눈이 멀지 않았고, 나는 인생의 중요한 순간마다 계속 떠오르곤 하던 "나와 나 자신을 가르는 얇은 벽을 따라 늑대처럼 살금살금 걸어라"라는 문구를 암송했다. 드디어 미로의 끝에 도착했고, 그토록 오랫동안 내 시야를 가려왔던 그 무언가를 마주하게 되었다.

나는 드디어 구마驅魔 의식을 하게 되었다. 나는 내 이야기, 내 영혼, 뱀과 약속을 잡았다.

더이상 주황색이 아닌 암적색과 검붉은색, 진홍색 등 검은 피의 색을 띤 지옥이 내 눈앞에 펼쳐져 있었다. 이 지옥의 밑바닥에는 여전히 괴물들이 제멋대로 움직이고 있었다.

이 괴물들은 아이스킬로스의 작품에서 영혼을 묶어두고 인간을 공포에 떨게 하는 에리니에스였다. 하지만 이들은 뱀이 아니었다.

나는 주먹을 불끈 쥐고 그들의 얼굴을 똑바로 바라보았다. 나를 오랫동안 잡아두고 위협해왔던 그 그림을 뚫어지게 쳐다보던 나는 믿을 수가 없었다. 왜냐하면 나는 겁을 먹지 않았을 뿐만 아니라, 두려워서 벌벌 떤 것은 오히려 그 크고 비장한 벌레들이었기 때문이다.

어떻게 나를 사로잡던 이 그림이 더이상 내게 아무런 영향을 미치지 않을 수 있었을까? 그렇게 많이 변했을까? 확인해보니 두 3부작은 비슷했다. 1988년 버전에서는 공간이 붉게 변하면서 야만성을 잃긴 했으나, 인물은 똑같이 끔찍한 형태를 유지하고 있었다.

그래서 변한 것은 나였다. 눈을 뜬 나는 내게 큰 고통을 주었던 이 그림이 나를 죽인 살인자들을 그린 것이 아니라 고통받고 있는 희생자들을 그린 것이라는 사실을 깨달았다.

왼쪽 패널에는 속치마로 몸을 감싼 채 절망의 몸짓을 하고 있는 한 여성이 그려져 있었다. 가운데 패널에는 커다란 타조 머리 모양의 고환이 있었다. 나는 눈에 붕대를 맨 이 타조가 사형 선고를 받고 고통스러워서 비명을 내지르는 인물이라고 생각한다.

나중에 베이컨에 관한 책을 쓴 내 친구는 이 울부짖는 생명체에 대해 이렇게 말했다. "끔찍하면서도 우스꽝스럽다."

그러나 오른쪽 패널에는 우스꽝스러운 것이 전혀 없었다. 오히려 턱은 무시무시하고 목은 도살자의 그것처럼 길다. 이것은 희생자가 아니었다. 그것은 뱀이었다. 또, 뱀이었다. 여전히 뱀이었다.

이번에는 끝내야만 했다. 이빨을 드러내는 이 비열한 생명체가 내 인생을 독살하게 내버려둘 수 없었다. 나는 어떤 이미지 때문에 다시 악몽을 꾸는 것을 거부했다.

그림을 향해 가다가 문득 한 가지 생각이 떠올랐다. 나는 웃기 시작했다. 마법사와 뱀, 뒤틀린 몸, 그리고 정신의 열쇠에 대한 이 모든 이야기가 한 편의 코미디

처럼 매우 빠른 속도로 머릿속에서 다시 펼쳐졌다. 나
는 모든 것을 순식간에 다시 보았고, 웃음이 입가에 떠
올랐다.

　뱀의 발 바로 옆, 액자 유리에 긁힌 자국이 있었다.
집게손가락을 앞으로 내밀고 와이어를 따라 훑어보았
다. 뱀이 있는 곳으로 다가갔다. 줄무늬가 내 손가락 아
래로 길어졌고, 와이어가 칼날처럼 커졌다. 나는 유리
칼을 밀어넣어 뱀의 목을 찔렀다.

14

〈자화상〉, 1971

캔버스에 유채, 35.5×30.5cm

나는 이제 작고 검푸른색 그림, 1971년작 〈자화상〉에 이끌렸다. 그림에서 베이컨의 큰 머리는 그림자에 가려져 있고 괴로움에 짓눌려 있는 듯했다. 그것은 마치 어둠 속에서 불쑥 나타난 올빼미처럼 보였고, 입은 깨지고 얼굴은 격한 경련에 휩쓸렸는데, 마치 스펀지로 고집스럽게 이목구비를 지워버린 것 같았다.

이 얼굴에는 피부가 더이상 남아 있지 않고 살은 식칼로 잘게 썰렸다. 한쪽 귀는 없고, 콧구멍은 탈구되었으며, 이 붕괴 직전의 물질을 평평하게 만드는 병적 무감각이 얼굴을 얼음처럼 차가운 어둠 속으로 빨아들인다.

보통 화가들은 자화상을 그려서 자신을 돋보이게 한다. 카라바조에서 반 고흐에 이르기까지, 그리고 렘브란트처럼 스스로를 비웃을 때조차도 자신의 이미지로 돌아가라고 요구하는 이 같은 충동이 무엇이든 간에, 그들은 그림을 통해 자신의 정체성을 표현한다.

여기서 베이컨은 단지 자신을 초췌하고 병들고 숙취로 힘들어서 표정이 일그러진 모습으로만 그린 것이 아니라 자신의 얼굴을 타락의 턱뼈 속으로 내던졌다. 이것은 자신을 살해하려는 시도다. 이 자기 비하의 단계에서는 더이상 정체성도 없고 반反 정체성도 없으며, 심지어는 '주체의 전복'이라는 개념도 존재하지 않는다. 베이컨은 이미 멀리 있고, 그의 머리는 자기를 파괴하는 과정에서 해체되었다. 그의 머리는 더이상 종種에 속하지 않고 반反물질 속으로 사라진다.

나는 보는 데 어려움을 겪었다. 네온 불빛이 불분명한 반사광을 창문에 투사했기 때문이다. 왼쪽으로 옮겨가서 목을 조금 내밀자 텁수룩한 머리가 보였다. 그것은 바로 나였다.

베이컨은 분명히 웃고 있을 것이다. 그가 그의 그림

에 그 망할 놈의 유리판을 설치하여(마치 관을 봉인하듯 그의 그림을 봉인함으로써) 우리를 가두려고 했다는 것은 분명한 사실이다.

그렇다, 베이컨은 웃고 있었다, 그건 분명하다. 그는 "살아있는 자를 가두어라"라고 말한다. 다시 말해 우리를 가두는 것이다. 베이컨은 우리의 이미지가 거기에 반사되어 우리 눈을 멀게 할 거라는 사실을 알고 있었다. 우리는 우리가 그림을 보고 있다고 생각하지만, 사실 우리가 뚫어지게 바라보는 것은 바로 우리 자신이다.

베이컨은 더이상 웃음을 멈추지 않는다. 그의 그림은 우리를 우리 자신에게 되돌려보내고 가식에서 벗어나게 한다. 그래서 그의 그림에 갇힌 우리의 반사된 모습이 그의 그림을 완성한다. 뚜껑이 닫히면서 우리를 삼켜버린다.

베이컨은 더이상 웃지 않는다. 그는 우리와 함께 사라졌고, 벽에 걸린 그의 그림은 침묵 속에서 그들의 범죄를 조용히 감춘다.

베이컨은 우리의 실명失明을 지적하고 있는 것일까? 그림은 오이디푸스를 마주한 스펭주처럼 우리 앞에 서서 우리에게 질문을 던지고, 우리는 우리의 상처를 드러내며 서둘러 그 질문에 답한다. 우리는 자기애에 빠져 우리가 대답이라고 믿고, 그림이 우리에게 말하는 것을 알려고 애쓰지 않는다. 우리는 어디에서나 우리 자신을 본다.

'인간'은 모든 공간을 차지하는 존재다. 베이컨의 웃음을 들어본 적 있는가? 그의 웃음은 잠을 자지 않는 어린아이의 웃음처럼 슬프고 부드럽다. 그러다 갑자기 사나워진다.

나는 마치 뭔가에 물린 것처럼 놀라서 펄쩍 뛰어올랐고, 나의 반사된 모습이 사라질 때까지 뒤로 물러섰다. 액자 속은 뿌옇게 흐려져 있었다. 나는 손을 얼굴에 가져갔다. 모든 것이, 눈과 코, 입이 거기에 있었다. 베이컨이 산산조각 났다. 하지만 내게는 침울해할 권리가 없었다. 나는 여러분에게 얘기하기 위해 온전한 상태를 유지해야 한다.

수첩을 꺼냈다. 나는 보통 어디에서나, 선 채로, 길을 걸으며, 지하철에 앉아서 글을 쓴다. 머리에 떠오르는 모든 것을 적는다. 내가 페르라세즈 묘지 앞 인도에서 열심히 문장을 쓰는 걸 본 한 친구는 내가 '아무렇게나à la diable' 글을 쓴다고 말한 적이 있다. 나는 그의 말을 생각했다. 베이컨의 〈자화상〉을 마주했을 때 나는 그의 말을 떠올렸다. 그날 밤 악마le diable가 게임에 참여한 것이다.

그렇다면 이 그림은 내게 무엇을 가리키고 있었을까? 나는 이 그림에서 뭔가를 알아본 걸까? 나의 어두운 면을? 지금 웃으면서 수첩에 "나의 어두운 면"이라는 이 세 단어를 쓰고 있는 것은 바로 나다. 우리는 우리 자신의 말을 듣는 데 너무 만족해서, 우리 자신 안에서 고백할 수 없는 것을 발견한다고 생각하면서도, 어쩌면 여전히 연기를 하고 있을지도 모른다. 나는 냉소를 지으며 "우리 자신 안에서 고백할 수 없는 것"이라고 적은 다음 어깨를 으쓱했다.

내게 중요한 것은 베이컨이었다. 이 자화상을 통해 우리는 베이컨의 가장 내밀한 상처에 접근하게 된다. 사실 '내밀한'이라는 단어는 캔버스에 던져진 파편에 비하면 매우 약하고 단조롭고 편안해 보인다. 여기서 베이컨은 자신의 머리를 쓰레기 자루처럼 텅 빈 하늘에 던졌다. 그의 머리는 블랙홀의 공포 속으로 끌려 간다. 그 누구도 더이상 길을 잃을 수는 없을 것이다. 그의 자화상을 보며 정신분석학자 디디에 앙지외는 베이컨이 분석 불가능하다고 판단하고 그에 대해 이렇게 쓴다. "거울은 더이상 반응하지 않는다."

이 그림 속에는 아직 누군가가 있는가? 인간존재는 이 좁은 구멍 속에서 숨 쉴 수 있을까? 살아있는 존재가 죽지 않고 심연 속에 들어박혀 있는 것은 의심할 여지 없이 불가능하다. 그렇지만 베이컨의 그림은 그것이 가능하다는 것을 증명한다. 어둠 속에는 정신이 한계에 부딪히는 지점이 있다. 나는 베이컨이 회절 상태에서 자신을 그렸다고 생각했다. 마치 거울이 깨져 충격 지점 주위에 파편들로 배열된 것처럼. 베이컨은 자신을 그리면서 자신의 한계를 완전히 깨뜨린다. 그는 밤을 꿰뚫고, **우리에게 그것을 보여주기 위해 밤에서 돌아온다.** 그는 이 불가능한 영역에 형체를 부여할 뿐만 아니라 우리에게 그것의 신경학적 등가물을 전달하기도 한다. 누가 그렇게까지 멀리 간 것일까? 누가 그렇게 자신의 경험에 고집스럽게 자신을 바친 것일까?

종종 자신의 생각을 열어주는 무한한 고독 속에서 두려움에 짓눌린 블레즈 파스칼을 생각한다(하지만 그는 신에게 자신을 바치기 위해 자신을 잃어버린다). 베이컨은 매일 밤 술을 마시면서, 그리고 매일 아침 캔버스 앞에서 자신을 바치며 존재의 깊이에 대해 거친 방식으로 질문하는 것을 멈추지 않았다.

희생은 계산하지 않는 것이다. 이 혼돈의 실행에는 엄격함이, 의심할 여지 없이 하나의 방법이, 어쩌면 윤리가 존재한다. 베이컨은 그림을 중심으로 자신의 삶을 정리했다. 그에게 그림은 정신의 진정한 이름이다. 이것이 그가 싸움을 멈추지 않는 이유다. 그의 투쟁은 무엇보다도 영적이다. 조심하지 않으면 영혼을 잃고 빼앗긴다. 사회는 우리에게서 영혼을 훔쳐 간다. 베이컨은 그림을 그리면서 자신을 방어한다. 그가 그림을 그리는 동안은 삶이 승리하지만(그리고 색채를 고양시키는 환희도 함께), 그가 멈추는 순간 세상은 정체되고 부패하며, 죽어 악취를 풍기기 시작한다. 그림이 없는 세상은 죽음의 악취를 풍긴다. 그래서 베이컨은 성찬의 몸짓인 헌주를 따르고, 다시 그림을 그릴 수 있게 되기를 기다리며 술을 마신다.

술은 흥분시키는 동시에 파괴하며, 우리 내면에서 일어나는 혼란을 희석함으로써 그것을 더욱 악화시킨다는 사실을 누구나 알고 있다. 그러나 술에 취하면 고뇌를 잊음으로써 우리를 질식시키는 세상의 무거움에서 벗어날 수 있다. 베이컨의 경우 알코올을 집중적으로 사용하는 것은 절제된 삶에 대한 알레르기의 신호다. 왜냐하면 통음 난무는 의심의 여지 없이 자기파괴로, 따라서 죽음으로 이어지고 가속화되기 때문이다. 그러나 과도하게 낭비되는 힘은 우리가 상상할 수 없는 것에 익숙해지는 감각의 문을 열어준다. 취기 속에서 침체를 깨야 한다. 그가 자신의 자유로운 움직임을 통해 자기가 가진 자유의 윤곽을 그린다는 사실을 이해하기 위해서는 1963년 스위스 라디오 텔레비전 방송국이 제작한 충격적인 다큐멘터리에서 베이컨이 비틀거리는 것을 한 번 보는 것만으로 충분하다. 알코올을 흡수하면 그의 신성한 부분이 해방된다. 그리고 그의 몸짓으로 그의 주위에 쓰인 원은 다름 아닌 희생의 원이다. 현기증은 진실의 간격을 드러낸다. 삶과 죽음이 여기서는 오직 실 하나에 매달려 있다. 누구든지 베이컨의 그림을 마주하면 그가 마법사라는 사실을 본능적으로 깨닫게 된다.

나는 베이컨이 술에 취해 일상적인 세계로부터 자신을 근본적으로 추방함으로써 원했던 것은 자신을 잊는 것이 아니라 그림이 불러일으키는 현기증을 느끼는 것이었다고 생각한다. 그는 그림을 그리는 행위와 일치하고, 그 행위의 강도를 더 멀리까지 밀어붙이고 싶어 한다.

그는 샴페인과 와인, 독한 증류주를 즐겨 마셨고, 그 결과 일종의 비등沸騰이 이루어지면서 그의 내면의 혼란과 뒤섞였다. 그는 밤마다 이 술집 저 술집에서 마지막으로 남은 힘을 다 소진하면서 스스로에게 다가간다. 그가 알코올에 취하여 망아지경에 빠짐으로 인해 우리가 그의 그림에서 보듯 면面들이 전위된다.

1971년작 〈자화상〉을 보면 베이컨이 깊은 밤에 빠져 있는 모습을 분명히 볼 수 있다. 그래서 그는 어쩌면 자기 자신을 허수아비로 만들고 싶어 했을 수도 있고, 심지어는 자신을 덮치는 맹금류에게 겁을 주어야

겠다고 생각했을 수도 있다. 하지만 베이컨이 기록한 것은 그의 파멸인 것 같다. 여기서 그는 자신의 지옥을 그린 것이다.

나는 이 머리가 지옥의 어느 구석에서 나온 것인지 궁금했다. 하지만 거의 쓰이지 않는 '지옥'이라는 단어는 고리타분하고 무엇보다 부정확하게 느껴졌다. 왜냐하면 베이컨이 그린(경험한) 이 모호한 비틀림이 지금, 내 눈앞에서 이루어지고, 내 시선을 통해 새로워지고 있기 때문이었다. 나는 우리가 존재의 끝에 와 있다고 느꼈다. 바타유가 말했듯 "가능한 것의 극단"에서 시간이 그 자체로 돌아가는 순간이다. 그러자 얼굴을 뜯어내는 비틀림이 길을 잃은 밤의 무자비한 균열 속으로 분출된다.

회복 불가능한 사람에게는 시간이 항상 오전 2시나 오전 3시, 심지어는 오전 4시이기도 하다. 갑작스럽게 느껴지는 고통은 전혀 고귀하지 않다. 그것은 유리 같은 평평함에 접근한다. 베이컨의 손이 그 고통을 포착하여 캔버스에 집어 던진다. 베이컨이 그림을 그리는 것을 본 사람은 아무도 없지만, 사람들은 그림이 그를 불가능한 상태에 빠뜨렸다고 말한다(그리고 그는 사람들이 이렇게 말하도록 그냥 내버려 두었다).

베이컨은 새벽 4시, 웨스트엔드에 있는 어느 술집의 화장실에서 술에 취하고 병든 자신을 거울에 비춰 보며, 자기 안에 있는 존재가 정말로 떠났는지 확인한다. 하지만 무無가 아직 모든 공간을 차지하지는 않았고, 자신의 얼룩 속으로 가라앉는 검은 공이 하나 남아 있다. 그것이 그 자신, 그의 폐기물이다. 그것을 제거할 방법은 없다. 존재Dasein는 핏자국보다 더 집요하다. 베이컨은 창문에 침을 뱉고, 몇 시간 후 난파당한 배처럼 생긴 이 자화상을 그릴 때, 머리에 흰 물방울을 뿌리는 것을 잊지 않을 것이다.

나는 집중하고 또 집중했다. 베이컨의 그림은 너무 매혹적이어서 더이상 눈을 뗄 수 없었다. 포커에서처럼 그것에 집착하게 되고, 다시 보고 싶어 지고, 더 많이 보고 싶어 진다. 그러다 보면 문득 온몸에 가득 찬 아드레날린을 어떻게 해야 할지 몰라 극도로 예민해진 자신을 발견하게 된다.

베이컨의 무서운 얼굴을 보고 있자니, 그 그림이 나

를 위험에 빠뜨릴 것 같았다. 그래서 무슨 생각으로 그랬는지 모르겠지만, 그림을 향해 걸어갔다. 나는 모든 규정을 잊고 유리에 이마를 갖다 댔다.

15

영혼의 밤

그것은 부드러운 몸짓이었다. 그림과 나 사이의 거리를 좁히고 싶었다. 나는 무엇에 굴복하는 중이었을까? 나는 내가 뭘 하고 있는지 생각하지 않았다. 하지만 이마가 유리에 닿는 순간, 거리를 사라지게 하는 것이 바로 사랑이라는 생각이 문득 들었다. 베이컨이 아니라 밤 그 자체를 향한 이상하고 희미하고 낯선 사랑.

진실은 불가능을 통해 현실이 된다. 어쩌면 그래서 나는 이런 식으로 나를 두렵게 하는 것에 최대한 다가가려고 했던 것 같다. 우리를 매료시키는 얼굴은 우리를 아프게 하는 가슴 아픈 상처를 담고 있다. 그림에 가까이 갔지만 나는 내가 이 상처를 완화하고 싶어 하는지, 아니면 그냥 그것을 인정하고 싶어 하는지 알 수 없었다.

유리는 차가웠다. 눈을 감았다. 그 순간은 여전히 나를 붙잡고 있다. 시간은 폭력이 중단되는 빈 공간을 담고 있다. 나는 마치 맹수의 눈꺼풀 아래 숨어 있는 것 같은 느낌이 들었다.

베이컨의 머리에 머리를 기대자 한 문장이 떠올랐다. 그것은 당시 현대미술관 관장이었던 베르나르 블리스텐이 한 말이었다. 그날 밤 나를 문까지 배웅한 그는 문이 닫히기 전에 전시회장 지도가 담긴 봉투를 내게 건네며 "신이 죽었다는 말에 설득당하지 말라"고 말했다.

이것은 피에르 클로소프스키가 몇 년 전 그에게 했던 말이다. 그날 밤 전시장으로 이어지는 직원용 복도에서 나를 프랜시스 베이컨의 그림하고만 남겨놓기 몇 초 전 그가 이 문장을 다시 한번 말했을 때, 그는 내게 조언한 것이 아니라 메시지를 전한 것이었다.

그는 "설득당하다"라고 말했는가, 아니면 "놀라다"라

고 말했는가? 그가 "신의 죽음에 놀라지 말라"고 했다면, 그것은 이 죽음이 명백하게 일어났다는 뜻이고, 그것으로부터 나 자신을 보호하라고, 즉, **그것 때문에 죽지는 말라**고 내게 조언한 것이다.

하지만 나는 그가 사용한 단어가 "설득당하다"라는 의미에 더 가깝다고 생각한다. "신이 죽었다는 말에 설득당하지 말라." 우리가 믿는 것처럼 어쩌면 신은 죽지 않았을 수도 있다. 눈을 뜨고, 이 거짓 뉴스에 현혹되지 말라. 그렇다, 바로 이것이 그가 나에게 수수께끼 같은 방식으로 전한 것이다.

신의 죽음이라는 세계야말로 바로 베이컨이 그리려던 세계가 아닐까? 어쨌든 명백한 것은, 그의 그림이 희생자를 찾아볼 수 없는 거대한 범죄 현장이라는 사실이다. 그림에서 지평선은 스펀지로 지워져 있다. 지구는 태양의 사슬에서 분리되어 있다. 거기서 우리는 앞으로, 뒤로, 사방으로 계속 떨어진다. 더이상 위도 없고 아래도 없다. 그리고 우리는 마치 무한한 무無 속을 헤매는 것처럼 방황한다.

이것이 바로 영혼이 버림받은 세계이며, 인간이 자

신을 구원해준 자를 암살하는 세계이다.

그래서 나는 이 명백한 것 너머를 보아야 했다. 신
(그 엄청난 존재)은 어쩌면 암살을 피했을지도 모른다는
생각이 들었다. "눈을 뜨라." 나는 웃으며 말했다. 그날
밤은 확실히 일련의 이상한 모험을 내게 제공했다.

뒤로 물러서자 파란 선 하나가 자화상의 반사광 속
으로 구불거리며 이어졌다. 오이디푸스의 발에서 나와
나에게 밤을 열어주었던 후광이 떠올랐다. 베이컨과의
그 힘든 대면에도 불구하고 내가 여전히 서 있을 수 있
었던 것은 그 후광 덕분이었다. 그 후광이 나를 보호해
준 것이다. 행운의 부적과 함께 위험을 헤쳐나가는 것
은 좋은 일이다. 오이디푸스에게서 훔친 파란 후광이
그 역할을 할 예정이었다.

나는 보호 유리판에 살짝 입김을 남겼다. 베이컨의
그림 중 하나에 잠깐이지만 흔적을 남겼더니 기분이
좋았다. 사진으로 남기고 싶었지만, 휴대폰을 가지러
갔다 온 사이 입김이 사라져 버렸다. 이 광채는 존재했
었다. 나는 감동했다. 유치하기 짝없는 감정이었지만,
나에게 다가온 이 밤에 혼자 있노라니 아주 작은 따뜻

한 신호조차도 너무나 소중했다.

그런데도 벨이 울리지 않은 게 이상했다. 박물관에서는 그림을 **만지면** 경보가 울리게 되어 있다. 플러그를 다 뽑아놓은 것일까? 아무도 말해주지 않았다. 혹시 카메라가 나를 감시하고 있는 게 아닐까. 항상 어딘가에는 눈이 있고, 삶은 촬영된다. 그것이 우리의 운명이다. 그러나 다시 〈자화상〉을 향해 걸어가면서 나는 이 그림을 더이상 생각하지 않았다.

하지만 나는 그 빌어먹을 그림에서 헤어 나올 수가 없었다. 심연은 우리에게 손상된 머리라는 진실만을 제공할 뿐이다. 전시회장에는 다른 자화상도 전시되어 있었지만, 이 자화상만큼 고통스러워하는 것은 없었다. 이 얼굴은 극심한 고통을 증언하고 있었다. 베이컨은 무엇 때문에 순교했을까?

나는 꼭 봐야만 했다. 새벽 2시가 다 되어가고 있었고, 밤은 생각보다 빨리 내 다리 사이로 지나가 버렸다. 나는 마치 그림을 연구하려는 것처럼 그 앞에서 팔짱을 꼈다. 멍 색깔의 보라색 섬광이 베이컨의 뺨을 휩쓸었다. 색을 듬뿍 묻힌 붓이 이 얼굴을 찢자 벨벳 헝겊을 붙인 분홍색 줄무늬가 마치 열린 상처처럼 표피에 염증을 일으킨다. 이것은 마치 칼로 따귀를 치는 것 같은 움직임이다. 베이컨은 자기 자신을 때린다. 폭력은 나를 역겹게 만드는 미스터리다.

보호유리판 뒤에서 부서진 가시적인 것은 이 같은 질식에 경악하는 눈에 띈다. 베이컨이 도움을 요청하는 게 아닐까? 갑자기 연민이 느껴졌다. 나는 빛이 어둠과 구별될 수만 있다면 세상에 없는 연민을 우리에게 부여한다고 믿는다.

베이컨이 이용하는 잔혹함은 폭력이 엄청난 공허함을 만들어내고, 그 누구도 이 공허함에서 벗어나지 못한다는 사실을 우리 눈이 보지 못하도록 숨긴다. 공허함이 지속되는(두려움이 악착스럽게 따라다니는) 이 지점에서 가장 비인격적인 사랑이 드러난다. 세상을 황폐화시키는 결핍 대신, 세상을 다시 만들어내는 연민이 생겨난다.

나는 베이컨이 누구에게도 전달되지 않기 때문에 미친 이 사랑을 의식하고 있었다고 생각한다. 사람들은 그의 그림이 잔혹하다고 말한다. 하지만 반대로 나는 그의 그림이 깊은 연민을 표현하며, 그 자신도 비극적 단순함으로 이런 종류의 감정을 느낀다고 생각한다.

베이컨은 결코 베일을 찢을 필요가 없었다, 그는 진실 속에 살았고, 즐거움을 사랑했다. 나는 들뢰즈의 예언을 되풀이한다. "고기를 불쌍히 여겨라!" 그렇다, 몸을 불쌍히 여겨라. 눈을 불쌍히 여기고, 색을 불쌍히 여기고, 풀을 불쌍히 여겨라. 섹스를 불쌍히 여기고 살을 불쌍히 여겨라. 그림을 불쌍히 여겨라.

16

죽은 눈

다른 그림으로 넘어가려던 순간 갑자기 이 자화상에 눈이 없다는 사실이 떠올랐다. 눈은 검게 그을리고 멍이 들어 있고, 살점이 눈구멍에 꿰매어져 있는 것 같다.

이 같은 눈의 부정은 내게 충격을 안겨주었다. 실명은 그림에 대한 단죄 아닐까? 베이컨은 자신을 장님으로 그리면서, 우리가 아무것도 보지 못한다고, 혹은 자기는 그것을 보고 싶어 하지 않았다고 주장하고 싶었을지도 모른다. 그가 말하는 '그것'은 무엇일까? 존재? 죽음? 그림?

한 발짝 물러나서, 다른 방에서 곁눈질해 보았던

3부작을 보며, 그 앞에서 걸음을 멈췄던 그림들을 떠올리던 나는 베이컨의 인물들이 입은 있지만 눈이 없다는 사실을 깨달았다. 그들이 눈을 감고 있거나 아예 눈이 없다는 것은 의심의 여지가 없었다. 그림에는 실제로 검은 선과 주름만 있고 눈이 없었다.

나는 생각했다. 죽음 쪽에는 눈이 없어. 이 머리는 반대편에서 왔고, 더이상 살아있지 않은 얼굴들이 찡그리고 있는 보랏빛 그 먼 곳을 보여주었다. 죽은 자들은 눈을 감고 있다, 그게 전부였다.

오후에 보부르 도서관에서 마틴 해리슨이 편집한 〈작품 목록〉 다섯 권을 열람한 나는 베이컨이 그랑 팔레에서 열린 그의 대규모 회고전 개막식 며칠 전인 1971년 10월 24일, 그의 연인 조지 다이어가 파리에서 스스로 목숨을 끊은 직후에 이 자화상을 그렸다는 것을 알게 되었다.

마틴 해리슨에 따르면 그 이후로 베이컨은 자화상을 점점 더 많이 그렸는데, 총 53점 중 29점을 1971년부터 1979년 사이에 그렸다.

1972년, 즉 다이어가 죽은 후 몇 달 동안 베이컨은 거의 자화상만 그렸다(나중에 그는 주변에 더이상 그릴 사람이 없었다고 말했다). 그 후에 그가 얼굴에 가한 변형은 그림을 통한 자기파괴 시도의 일부이며, 그의 고통과 죄책감, 그가 느끼는 슬픔의 폭력성을 반영한다.

언젠가 그는 "나 자신에 대해 작업하면서 점점 더 날카롭게 껍질을 벗겨냅니다"라고 말한 적이 있다. 조지 다이어가 죽고 난 후 그는 바로 자기 자신의 피부를 체계적으로 벗겨낸다. 그의 눈은 끊임없는 자기혐오의 첫 번째 희생양이다. 모든 자화상에서 그의 눈은 감겨 있다. 더 나쁜 것은, 그것이 공격당하고, 구멍 뚫리고, 움직이지 않게 된 것이다. 그가 뜨인 눈을 그리기까지는 몇 년이 걸렸다.

잠시만 내게 시간을 달라. 나는 이 고통스러운 그림 앞에서 몇 분 더 머물렀다. 이 그림에 나와 관련된 비밀이 담겨 있기 때문이다.

베이컨의 시련이 견디기 힘들어 보여서였을까? 그것이 불러일으키는 현기증을 당장 없애버리고 싶어서였을까? 나는 빠른 속도로 문장을 적어 내려가기 시작했다. 그 문장은 내 것이 아니라 헤겔의 것으로, 내가 학생 시절부터 외우고 있는 것이었다. 그런데 이 문장이 왜 갑자기 여기서 떠오른 것일까? 나는 깊이 생각하지 않고 내 기억이 불러주는 대로 문장을 옮겨 적었다. 그 문장은 내 노트에 이렇게 적혀 있었다.

"인간은 이 밤, 이 공허한 무無이며, 그 완전한 단순함 속에 모든 것을 담고 있다."

그리고 이렇게 쓰여 있다.

"사방이 캄캄하다. 갑자기 여기서는 피 묻은 머리가 나타나고 저기서는 또 다른 하얀 유령이 나타난다."

맨 끝에는 다음과 같이 쓰여 있다. "우리가 사람의 눈을 들여다보면 엿볼 수 있는 것이 바로 이 밤이다. 그러면 우리는 끔찍한 밤 속으로 시선을 던진다. 그때 우리에게 나타나는 것이 이 세상의 밤이다."

밤의 경험은 우리 앞에 놓인 무無의 공포로 이어진다. 만남은 언제든지 이루어질 수 있다. "백색의 유령?" 베이컨의 머리에는 희끄무레한 스프레이가 뿌려졌다. 격렬한 붓질이 그의 이마와 오른쪽의 뺨, 콧등을 덮어 데드마스크 모양을 만들었다.

베이컨이 마치 과녁에 화살을 쏘듯 자신의 이미지에 투사한 흰색 페인트 자국에는 약간의 연보라색과 회색 필라멘트, 하늘색 결정체가 있었다. 하지만 가장 두드러진 것은 흰색, 즉 마치 베이컨이 사형수의 눈가리개를 찢으려 했던 것 같고, 그 흔적이 그의 얼굴에 달라붙어 있는, 조각난 흰색이었다.

나는 눈을 감으면 죽은 자의 세계를 마음속으로 본다고 쓰려고 했는데, 이미 이 문장을 쓴 적 있다는 사실을 깨달았다. 그것은 아프리카 여우에 관한 글이었다. 베이컨의 이마에서 콧대를 지나 입까지 이어진 하얀 자국은 내가 어렸을 때 열광했던 Z자 모양을 하고 있었다. 베이컨이 그의 얼굴에 그린 것은 바로 번개처럼 번쩍이는 섬광이었다.

믿을 수 없었다. 이 작은 초상화는 자전적 이유로 나를 매료시켰다. 그것은 나 자신의 불안으로 통하는 문을 열어주거나 멸망의 거울을 내게 내미는 것이 아니라 내 어린 시절을 은밀하게 암시했을 뿐이었다.

이 전시에서 표지판은 나를 위해 설치되었고, 나는 이 표지판을 어떻게 읽는지 알게 되었다. 베이컨이 그린 그림의 어떤 측면도 거부해서는 안 된다. 그의 그림은 나에게 개인적으로 시사하는 바가 있었기 때문이다.

17

밤의 파란색

여기서부터 또 다른 문이 열린다. 아침이 될 때까지 얼마나 많은 문이 나타날까? 우리는 우리를 부르는 그림들을 경험하며 그 문들을 하나씩 통과한다. 우리가 각 작품 앞에서 보내는 시간은 그 작품이 우리의 마음에 영향을 미치게 한다. 그림과 맺는 관계의 진실은 우리의 욕망과 인내, 그리고 집중을 통해 경험된다. 베이컨은 진실이 '이상한 문'을 통해 들어온다고 말한다. 그리고 아마도 밤을 지새우고 나면 나는 나 자신을 만나게 될 것이다.

새벽 2시 20분이었다. 천천히 앞으로 걸어 나갔다.

밤은 서로 모순되는 섬광을 품고 있다. 우리는 불안의 웅덩이에 빠지고, 색깔들은 부재가 응고되는 산성 액으로 수축하며, 몇 초 후에는 반대로 온몸에 갖가지 색이 뿌려져 있는 자신을 발견한다. 그것은 가슴 속으로 쏟아져 들어오는 옅은 보라색과 탁탁 소리를 내며 타는 듯한 빨간색 급류이다. 나는 다음 그림의 폭력을 두려워했지만, 이제는 더이상 두렵지 않다. 이제 우리는 거울 속에서처럼 빛이 스며드는, 그 옅은 보라색 섞인 장미색 흐름에 푹 빠져들며 즐거움을 되찾는다.

세잔은 들라크루아에 대해 뭐라고 말했을까? 아, 그렇다. "그는 태양이 존재하고 우리가 거기에 붓을 담글 수 있다고 확신한다." 나는 단일색조의 노란색, 부드러운 녹색과 진주빛 회색처럼 아롱거리며 올라오는 빛깔, 그리고 또 관능적으로 튀어나오는 자홍색과 보라색, 오렌지빛 갈색, 체리색, 밤의 강물처럼 고동치며 흐르는 검은색이 내 주위에서 진동하는 것을 느꼈다.

이것이 그림의 엄청난 내면적 즐거움이며 그것의 욕탕이며, 그것의 샘이며, 그것의 원소다. 베이컨의 그림에는 시간의 숨결을 불어넣는 신선함이 있다(이 신선함은 우리에게도 역시 시간의 숨결을 불어넣는다). 그림들 사이를 순환하는 공기에는 흰색과 파란색의 부드러움이 스며들어 있는데, 이 부드러움은 베이컨이 그의 마지막 20년 동안 그린 점점 더 드러나는 표면에서 풍겨 나온다.

기쁨, 신선함, 부드러움. 극도로 고통받는 베이컨의 그림을 가리키는 이 단어들은 놀라움을 불러일으킬 수도 있지만, 그림의 한가운데에 있으면 그림의 가장 좋은 부분을, 즉 그림이 퍼트리는 자유로운 빛의 에너지를 받게 된다.

간단히 말하자면 베이컨의 그림은 내가 즐기는 자유를 선사한다. 나는 베이컨의 그림 덕분에 더 치열하게 살고 있다. 베이컨의 형태와 색채가 주는 혜택을 누릴 수 있는 공간이 내 삶에서 열린다. 나는 베이컨에게 감사하고 있다. 그의 그림이 내게 양분을 제공하기 때문이다.

어느 늦은 오후, 아카시아 정원에서 내가 보부르에서의 밤을 이야기하자, 필립 솔러스는 이렇게 말했다. "베이컨에게 공간의 존재는 내면적입니다." 그때 그가 짓던 미소가 아직도 눈에 선하다. 우리는 침묵을 지키고 있었다. 하늘은 청회색이었고 아카시아는 떨고 있었다. 진정으로 묵상한 것들은 언제나 가장 옳다. 그것들은 빛처럼 전달된다.

베이컨은 그의 보호유리판에 비치는 빛의 효과를 예측했을까? 유리판은 거리를 설정하고, 멀리 떨어져 있는 듯한 인상을 주며, 관람자의 이미지를 반사하지만, 그날 밤 나는 그것이 불용성 반사로 공간을 흐릿하게 만든다는 사실을 발견했다.

밤의 그 순간, 파란 선 하나가 참깨(참깨에는 무언가에 접근할 수 있게 해준다는 비유적 의미가 있다—옮긴이)처럼 강렬하게 한 그림에서 다른 그림으로 날아다녔다. 그 선은 어떤 그림의 잠든 빛을 깨우고, 다른 그림에는 묻힌 색조를 부여했다. 벽을 따라 반짝이는 이 파란 물질에는 열정의 웃음이 담겨 있었다.

이 반사광 속으로 미끄러져 들어가 이 반짝임과 내 몸을 섞었다. 내가 어디 있었지? 서로 얽힌 것들은 지표를 없애버린다. 어떤 사람들은 그림 속으로 들어가는 것을 좋아한다. 그것은 그들의 충동이다.

그들은 사라지고, 그들의 원자는 안료로 변한다. 그

리고 그들은 정장 차림의 남자들과 벌거벗은 여자와 함께 풀밭에서 점심을 먹는다. 혹은 세잔의 작품에서처럼 목욕하는 사람들을 감싸고 있는 반짝이는 에메랄드빛 잎사귀의 수액이 된다.

나는 빛 속에서 비틀거리는 것을 좋아한다. 섬광 속에 잠겨 글 쓰는 것을 좋아한다. 불꽃이 나를 통과하도록 내버려 두는 것. 이것이 내가 내리는 즐거움의 정의다.

나는 조지 다이어를 추모하는 3부작이 걸려 있는 넓은 전시실에 매료되었다. 내가 약속을 잡은 곳이 바로 그 전시실이었다. 밤이 시작되고 나서 여러 번 그곳에 갔었고, 조지 다이어의 모습을 끝없이 비추는 삼중 거울처럼 한쪽 벽에서 다른 쪽 벽으로 반사되는 거대한 패널을 보며 깊은 인상을 받았다. 하지만 나는 저항했다. 이런 그림들은 우리가 그것에 몰두하기를, 그것에 빠져들기를 요구하기 때문이다. 나는 자제했다. 얼마 안 있으면 밤이 나를 그들에게 데려갈 것이다.

그사이에 나는 파란색 광윤光輪을 따라갔다. 그것의 마법은 오직 그림만이 줄 수 있는 행복을 내게 안겨주었다. 나는 모든 것을 그 눈으로 보았다. 오늘, 이 문장

을 쓰는 동안 그것은 나를 향해 미소 짓는다. 내게 글
쓰기의 길을 열어준 것은 바로 이 광윤이다.

나는 앞에서 말했던 것처럼 데님 바지가 만들어낸
그 파란 물웅덩이가 나를 현혹했던 방에 들어갔다. 여
러분은 기억할 것이다. 온몸이 보라색 근육으로 덮여
있는 벌거벗은 남자가 싱크대 위로 몸을 숙이고 있다.
그는 꼭 팔레트에 발을 담그고 있는 것 같다. 그래서
베이컨은 이 파란색 수분과 그 위에서 베이컨이 입을
벌리고 있는 흰색 세면대의 워터마크 타원형 사이에서
물이 흐를 가능성을 섬세하게 암시한다. 샘은 몸의 한
쪽 끝에서 다른 쪽 끝으로 흐르고, 물은 몸을 가로질러
다리에서 입술 쪽으로, 혹은 그 반대로 올라간다.

15세기에 회화 예술을 이론화한 레오 바티스타 알
베르티는 회화란 "분수의 표면을 예술적으로 껴안는
것"이라고 썼다.

여기서 몸이 그림의 웅덩이에서 탄생한다. 몸은 자
신의 모습 속에 빠져 죽은 청년을 대신해 자라나는 수
선화처럼 길게 늘어난다.

베이컨은 1989~1990년에 〈세면대의 남자〉를 그렸

는데, 그때 그는 여든 살이었다. 그림은 서로 만날 때 그 근원의 단순함을 재발견한다. 알몸은 물과 연결되고, 물은 꽃과 연결된다. 엉덩이를 드러낸 건장한 베이컨은 그림을 통해 생기를 얻는다. 즉 베이컨은 여기서 자신의 이상을 묘사하는 것이다.

우리 삶의 밑바닥은 어두컴컴하지만, 우리 삶 어딘가에는 항상 샘이 반짝거린다. 그 샘에 도달하는 데는 시간이 걸리고 때로는 일평생이 걸리기도 한다. 샘은 우리에게 미소 짓는 광채를 통해 스스로를 내준다. 앞에서 말했듯이 나는 이 샘을 믿는다(나는 행운에 건다). 한 번에 서너 시간씩 계속해서 글을 쓰다 보면 문장 깊숙한 곳에서 행복한 웃음소리가 들려오는데, 그것이 바로 샘이다. 샘은 글쓰기의 비밀이다.

이렇게 해서 사방이 파란색으로 보이기 시작했다. 그날 밤 파란색은 처음에는 나의 시력을 되찾아준 그 매혹적인 수도꼭지 덕분에 콸콸 흘렀다. 그리고 이제는 모든 그림에서 분출하여 나의 밤을 예상치 못했던 파란색으로 물들이고 있었다.

이 반짝이는 파란색은 〈거울에 비친 조지 다이어의 초상〉(1968)에서 얼굴을 둘로 자르고, 1970년에 그려진 3부작 〈남성의 등에 대한 세 편의 습작〉의 공간을 가득 메우고 있다. 〈남성의 등에 대한 세 편의 습작〉에서는 한 남자(이번에도 역시 다이어일 것이다)가 더이상 자기 얼굴을 비추지 않는 거울 앞에서 면도를 하고 있다. 왜냐하면 마야 블루가 이 파란색을 대신하여 그가 앉아 있는 의자에서 방울져 떨어지다가 마치 그림의 바다처럼 보이는 것을 넘쳐흐르기 때문이다(다이어는 베이컨의 그림에 의해 부서지고 그 그림 아래에서 익사할 것이다. 슬픈 예언.).

반 고흐가 만들어낸 또 다른 파란색(어둠의 파란색)은 베이컨의 가장 끔찍한 3부작 중 하나에서 침대차 창문을 통해 죽음의 하늘처럼 빛난다.

날카롭거나 부드럽고 강렬한 다른 파란색들은 폭풍의 경계처럼, 거품의 섬광처럼, 다루기 힘든 발포의 징후처럼 작용했다. 정맥처럼 창백하고 연약한 혈색의 블루. 매트리스의 투박한 블루. 바람이 빠진 듯한 소파의 고통스러운 블루. 1950년대 그림 속 의상의 짙은 파란색. 남색으로 칠해진 바닥에 갇힌 블루. 특정 얼굴에 후광처럼 따라다니는 동그라미의 파스텔 블루. 분리된 형태의 무질서한 파란색. 마지막으로 1980년대에 그려졌으며 지평선이 우주를 향해 열려 있는 입방체의 사파이어 빛에 가까운 블루.

하늘의 블루, 빙하의 블루, 코발트 블루, 프로이센 블루, 마야 블루, 미드나잇 블루, 바다 저편의 블루, 엉겅퀴 블루, 푸르스름한 블루, 남빛 블루, 청금석 블루, 오리빛 블루, 페르시아 블루, 미네랄 블루, 이집트 블루. 그리고 내가 가장 좋아하는 로얄 블루. 나는 베이컨의 타는 듯한 팔레트에 등장하는 이 모든 미묘한 차이를 본다. 그림의 내면의 빛은 블루다.

위대한 피카소 전기 작가인 존 리처드슨은 베이컨이 때때로 그림을 그리기 전에 거울 앞에 서서 얼굴에 붓을 시험해봤고, 사흘 동안 깎지 않은 수염은 그가 그토록 좋아했던 캔버스 뒷면의 꺼칠꺼칠한 질감에 가까워졌다고 얘기한다. "그의 그림에서만 볼 수 있는 그 이상한 소용돌이치는 터치는 맥스 팩터 화장품으로 '연습'되었다. 그는 그중 하나를 골라 얼굴에 바르곤 했고, 그것은 우리가 그의 초기 초상화의 얼굴에서 보는 것과 똑같은 얼룩이다."

갑자기 파란색을 칠한 미치광이 피에로의 얼굴이 등장한다. 랭보의 시 〈영원〉이 들려온다. "그것은 태양과 섞인 바다라네." 그리고 그는 자기 머리를 쏘고, 이 모든 파란색은 별의 먼지처럼 폭발한다.

파란색으로 칠해진 표면 너머, 그 투명함이 전체 색채 놀이에 영향을 미치는 이 색의 자기적磁氣的 존재 너머에서, 나는 모든 것, 심지어는 다른 색들까지 파란색으로 물들어 있고, 그의 그림이 스펙트럼 톤과 비현실적인 신선함, 차가운 바탕을 제공하는 프러시안 블루의 배경에서 나왔다는 것을 분명하게 느꼈다.

파란색 선 하나가 사물 사이를 지나며 정맥처럼, 칼자루에 감긴 금속선처럼 요동친다. 그 선은 미소의 가장자리에서 가벼운 깊이를 새기고, 죽음과 반대되는 진실을 담는다. 나는 베이컨의 그림에서는 파란색이 잃어버린 눈 대신 등장한다고 생각했다.

18

물줄기

그러고 나서 나는 〈물줄기〉(1979)를 보게 되었다. 나는 전시회장을 돌아다니는 동안 그것을 보지 않고도 보았는데, 우리는 어떤 그림이 기대에 부응할 때만 실제로 그림을 보기 때문이다(우리가 보는 그림을 완성하는 것은 바로 우리의 욕망이다).

그 밤의 순간에 나는 이 물줄기가 그림 자체에서 솟아나기를 간절히 바랐다. 이 물줄기의 풍요함은 댐을 무너뜨린다. 그것은 구멍 뚫린 파이프에서 솟구치는 파도였다.

그것은 마치 사정을 할 때처럼 솟구쳐 오르는 매우

171

연한 파란색 파도다. 그것이 움직이면서 거품이 일었고, 그 끓어오르는 것은 곧 해방의 경련이라고 할 수 있었다. 숨을 죽이고 있던 세상은 제방이 터지는 순간 가장 거친 형태의 자유가 분출하는 것을 목격하게 된다.

머릿속에서 공간이 열리는 듯한 쾌감이 느껴졌다. 그 파란 물결은 나를 도취시켰다. 그것은 우아함 그 자체이며, 우아함이 세상의 벌거벗음 속으로 들이치는 현상이었다. 랭보의 시에는 내가 행복함을 느끼는 세 가지 기쁨의 외침이 있다. "우아함! 과학! 폭력!" 이 그림은 궤적의 우아함과 관형管形 구성의 과학성, 움직임의 폭력성이라는 세 가지 외침을 모두 결합한 작품이다. 이 그림은 '파란색의 승리'라고 불릴 수도 있을 것이다.

그리고 베이컨은 순수한 물보라를, 즉 표면에 분출하는 축축한 재료를 보여줌으로써 그림 그리는 행위를 그렸다. 베이컨은 때때로 캔버스에 직접 튜브 물감을 짜서 그림을 그렸고, 데이비드 실베스터에게 〈물줄기〉의 경우 "그냥 캔버스에 색을 던졌다"고 털어놓았다.

나는 내 몸을 그림으로 물들이면서(파란색을 마시면서)

기쁜 마음으로 웃었다. 이 물줄기는 전날 이미 문장의 형태로 접한 적이 있었고, 문학 작품에서도 본 적이 있었기 때문이다. 당시 나는 프루스트의 작품을 열다섯 권짜리 소판본으로 다시 읽고 있었는데,《소돔과 고모라》에서 화자가 게르망트 공작의 집에서 열리는 파티에 가서 그의 정원을 거닐 때 "아름다운 나무가 있는 공터"에서 "위베르 로베르가 그린 저 유명한 물줄기"의 "가볍게 흔들리는 하얀 깃털"이 솟아오른다.

프루스트는 계속해서 분출되는 느낌을 우리에게 전달하려고 애쓴다. 그래서 그는 "천 개의 물방울로 만들어진 직사각형 구름"과 "멀리서 보면 그것만으로도 한 차례의 폭발이라는 느낌을 불러일으킬 수 있는 천 개의 분산된 도약"에 대해 이야기한다. 선형적으로 보이는 연속성의 효과는 서로 덧붙여지는 터치의 축적으로 만들어진다. 이 "젖은 구름"의 "구부러뜨릴 수 없을 정도로" "견고한" 밀도는 겹쳐진 층들의 결과이며, 글쓰기 작업이 그렇듯 그것의 분출은 정액의 놀라운 메타포처럼 보이고, 회화처럼 우리가 그 층들의 이동을 통해 움직임을 경험할 수 있도록 해준다.

베이컨의 〈물줄기〉를 감상하고 있노라면 프루스트의 물줄기가 보였다. 프루스트는 물줄기에 관해 쓰면서 그것을 그림으로 그렸기 때문이다. 더 놀라운 것은 그가 실제로 그림을 묘사하고 있었다는 사실인데, 위베르 로베르의 〈물줄기〉는 루브르 미술관에서 볼 수 있는 그림이다.

어느 날 한 인터뷰어가 그에게 무례한 질문을 던지자, 베이컨은 이렇게 대답했다. "내 인생에 관해 쓰려면 프루스트 같은 재능이 있어야 할 겁니다."

그의 삶이라는 이 계속되는 도취된 춤 속에서, 섬세함과 조잡함이 **서로 모순되지 않고,** 절망적인 만큼 강렬하고 끔찍한 만큼 웃기는 창조적 행복감의 폭력을 열어젖히는 존재의 가장 비밀스러운 방을 탐험하면서, 베이컨은 유화의 불안정한 물감층에 숨겨져 있는 비밀을 계속해서 찾을 것이다. 마치 세속적인 기적에서처럼 그림들을 늘리고, 세세한 부분까지 깊이 파고들고, 수많은 미묘함의 반짝임에 이끌리고, 아침 6시부터 계속해서 그림을 그리고, 심지어는 만취하여 불량배들과 함께 사창가 바닥에 누워있을 때도 오직 그림만을 생각하고 삶의 매 순간에 색깔들이 빛을 받은 가루처럼 반짝이는 것에만 집착하며, 그는 프루스트가 문학에 대해 말한 것처럼 진정한 삶, 마침내 발견되고 밝혀진 삶, 따라서 충만하게 체험한 유일한 삶이란 바로 그림이라는 사실을 발견하게 될 것이다.

나는 그림과 문학 사이의 매혹적인 틈새에 서 있다. 내가 가장 편하게 숨 쉬는 곳이 바로 거기다. 고뇌를 느끼든 기쁨을 느끼든 상관없이 내게 중요한 것은 더 광대하고 더 차분하고 더 격렬한 무엇인가다. 밤과 낮이 합쳐지고, 그 강렬함 속에서 빛이 항상 넘쳐흐른다. 단어와 색채가 서로를 찾고, 교차하고, 얽히고, 맞물린다. 나는 글을 쓰면서 물속으로 몸을 던진다. 내 손가락 아래로 미지의 호수가 열린다. 그리고 이 반짝이는 허공에서 나는 몸을 씻는다. 이것이 나의 진정한 삶이다.

"베이컨의 모든 것"은 디디에 오팅거가 자신이 기획한 전시회에 붙인 이름 아닌가? 문학은 그림에 영감을 주고, 그림은 문학에 영감을 준다. 나는 이 교차점에 살면서 그것이 목소리를 내게 하려고 애쓴다. 그것은 프루스트가 묘사했으며 베이컨이 단순한 관통형 도관에서 솟구치게 한 물줄기의 그것처럼 끊임없이 이루어지는 움직임이다. 시간은 잃어버리지 않았으니 되찾을 필요가 없다. 시간은 우리가 있든 없든 계속해서 존재한다. 삶이 우리를 가득 채울 때, 우리는 솟아나는 순간들 덕분에 시간을 만난다.

나의 밤으로 몰려드는 이 모든 파란색의 내부에서 마치 〈물줄기〉가 그것의 액자에서 넘쳐흐르듯이, 마치 물이 방에서 솟아올라 한 층에서 다른 층으로 줄줄 흐르며 보부르 동네를 물에 잠기게 하듯이, 나는 홍수보다 더 강력한 무엇인가가, 그 안에 도사리고 있는 욕망을 진정시킬 수 없어서 도저히 한 방향으로 모을 수 없는 것, 즉 섹스가 요동치는 것을 보았다.

19

쾌락의 방

이를 정면으로 묘사한 베이컨의 그림이 있다. 그리고 이 그림은 파란색이다. 베이컨은 항상 진실을 그리지만, 여기서 그는 쿠르베가 〈세상의 기원〉을 그렸을 때처럼 진실을 훨씬 더 많이 그린다. 더 많은 진실이야말로 우리 모두가 기다리는 것이 아닐까?

두 남자가 하얀색 시트가 펼쳐진 침대 위에서 껴안고 있다. 방은 거의 추상적인 진회색 공간에 떠 있고, 커튼 주름을 연상시키는 수직선이 갑자기 열리면서, 두 남자의 성행위라는 금지된 장면이 드러난다.

1953년에 그려진 이 그림은 여러 개의 제목을 가지

고 있는데, 레슬링 장면을 기록한 뮤브리지의 사진에서 영감을 받아 '두 인물' 또는 '레슬러'라는 제목으로 불린다. 하지만 이 그림을 집에 걸었던 루시안 프로이트를 비롯한 모든 런던 사람들은 이 그림에 '호모들'이라는 제목을 붙였다.

이 그림에서 우리는 생생한 섹스 장면을 보게 된다. 두 남자가 우리 눈앞에서 성행위를 하고 있고, 아래쪽에서 입을 벌리고 쾌락과 고통의 신음을 내는 남자는 베이컨 자신이다.

1953년에 동성애 행위를 묘사하기 위해, 그것도 다른 남자와 사랑을 나누는 자신의 모습을 묘사하기 위해 얼마나 큰 용기가 필요했을지 상상해 보라. 영국 사람들이 〈호모들〉을 보고 깜짝 놀란 것은 이 그림이 대담할 뿐만 아니라, 그들이 이전에는 볼 수 없었던 것을 드러내고, 화가의 성적 자유를 보여주며, 더욱이 그림에 대한 성적 선언으로 제시되었기 때문이다.

그의 전기 작가이자 친구인 마이클 페피앗은 이 작품에 대해 다음과 같이 말했다. "그것은 샘이다." 그리고 그는 이렇게 덧붙였다. "바로 여기서 모든 것이 형체

를 갖춘다." 그는 아마도 전체 작품의 배치를 구상했을
테고, 이 작품은 (마침내 내가 그것의 마법을 물리친 1944년 작
〈십자가 밑에 있는 세 인물 연구〉와 함께) 여기서 그것의 도상
학적 촉매제를 발견한다. 그러나 나는 이 문장을 통해
베이컨 그림의 전복적 기원에 대한 한 가지 사실을 듣
는다. 즉 샘은 섹스라는 것이다.

마이클 페피엇은 "베이컨은 섹스에 집착했다. 그는
대부분의 사람들이 알지 못하는 온갖 종류의 것에 관심
이 있었다"고 반복해서 말했다. 그리고 섹스의 세계가
베이컨 같은 사람을 깊이 매료시킨 것은 그것으로 그가
과잉에 대한 갈증을 해소할 수 있었기 때문이다.

그는 이 그림에서 성행위를 정확하게 그리는 데 사
용한 방식으로 섹스의 세계를 직접 표현했다. "쾌락의
방에 들어갔을 때, 나는 부르주아적 느낌이 나는 제대
로 된 사랑의 방에 머물지 않았다. 나는 비밀의 방으로
들어가 소파에 몸을 던졌다."

그래서 그 일은 가장 비밀스러운 방에서 이루어진
다. 하지만 나는 과잉의 단계가 있다거나 어떤 성행위
가 다른 성행위보다 더 강렬하거나 흥분되거나 즐겁다

고는 생각하지 않는다. 자신의 욕망을 연출하기 위해서는 확실히 독자성이, 즉 각자의 **성향**을 자극하는 판타지의 변덕이 요구된다. 하지만, 성적 포옹의 중심에서 끓어오르는 흥분은 겉치레뿐인 특수성을 넘어서며, 평가나 등급에 개의치 않는다. 각자는 사랑을 나눌 때 자신의 욕망을 변형시키는 엄청난 과잉을 경험한다. 모든 쾌락의 방은 비밀스러우며 말로 표현할 수 없다.

베이컨은 마조히즘을 선호했고, 영국군 장교였다가 말 사육사가 된 아버지가 마부들을 시켜 그를 채찍질했을 때 어린아이였던 자신이 받은 학대를 재현하기를 좋아했으며, 평생 바지 속에 가터벨트와 망사 스타킹과 레이스 팬티를 입고 다니는 것을 좋아했고, 열여섯 살 때 그가 어머니 속옷을 입고 부모 침실의 거울 앞에 서 있는 것을 본 아버지가 그를 더블린 집에서 영원히 쫓아내는 벌을 준 장면을 그의 섹스파트너들과 함께 끊임없이 재구성했다. 하지만 이 모든 일(그를 성적 도착으로 이끈 희생자의 입장)에도 불구하고, 그는 우리 모두를 괴롭히듯 그를 괴롭히는 욕망을 처절하게 추구한다.

성적인 문제에서는 모든 것이 현명하고 과도하며,

모든 것이 노골적이고 섬세하다. 우리는 가능한 한 우리 자신에게 최대한 가까이 머물면서 아주 멀리 나아간다. 우리를 기쁘게 만드는 심연은 다른 어떤 것과도 비교될 수 없다. 쾌락은 그것을 경험하는 연인들 사이에서만 공유될 뿐 다른 사람은 이해할 수 없다. 베이컨이 말했듯이 모든 '사랑의 방'은 현기증을 불러일으킨다.

베이컨의 그림에서 두 연인은 거의 견딜 수 없을 정도로 강렬한 느낌을 주는 난폭함으로 서로를 붙잡는다. 그들의 키스는 격렬하다. 그들은 사랑으로 인해 변형된다. 그들의 몸은 거친 흰색 임파스토와 그것에 신경질적인 관능미를 선사하는 푸르스름한 투명 물감으로 이루어져 있다. 엉덩이와 허벅지, 다리는 티치아노의 그림만큼 아름답다. 이 행위의 과격함은 연인을 포옹하면서 짓누르는 남자의 등 선線의 비통한 연약함으로 완화된다. 목덜미에서 엉덩이까지 이어지는 이 선은 마치 눈 쌓인 언덕의 능선처럼 불안정한 점들로 덮여 있다. 이 남자의 몸은 그 아래에서 신음하는 자(베이컨)와 합쳐짐으로써 완전히 섹스의 소재가 된다. 성적 욕망은 작열하여 청백색 빙하의 형태를 띤다.

나는 작고 찔린 듯한 터치로 칠해진 연인의 그 옅은 파란색 척추의 가벼운 떨림을 손가락으로 따라갈 수 있었다. 바로 여기서 우리는 그림의 실체에, 이 실체를 채우고 그것을 캔버스에 제물로 전달하는 사랑에 도달한다. 그렇다, 사랑에 도달한다. 비록 이 단어가 베이컨을 웃게 만들었을지라도 말이다. 그림은 그것에 대한 우리의 사랑으로 만들어지고, 우리 눈 속에 살고 있는 죽은 자들과 우리가 그들의 말에 귀를 기울이는 열정으로부터 나온다. 그것은 그림 속에서 비명을 지르는 걸까, 아니면 노래를 하는 걸까? 그림은 목이 말라 마실 것을 청한다. 나는 내가 좋아하는 그림에 입을 맞추고 싶다.

입맞춤 얘기가 나와서 말인데, 두 얼굴이 어떻게 맞닿아 있는지 보라. 두 얼굴은 볼을 맞대고 있다. 베이컨은 얼굴을 찡그린다. 그의 연인이 그가 원하는 대로, 그리고 아마도 짐승처럼 그를 꼭 붙잡고 있기 때문이다. 그러나 이 충격적인 장면에서 느껴지는 강렬한 감정은 이 애무의 부드러움에서 비롯된다. 두 얼굴이 닿는 지점에서 붓 터치가 더욱 보라색으로 변한다.

그러고 나면 두 연인의 무게에 눌려 주름이 생기면서 틈 모양으로 깊이 들어간 부분이 시트 한가운데 열린다. 희끄무레한 물감에 나 있는 이 구멍은 그것에 영향을 미치는 현기증에 비례하여 시선을 끈다. 쾌락을 느낄 때 우리는 무한함을 만난다. 쾌락의 폭발이 사랑의 방에 구멍을 뚫는다. 이 구멍은 우리에게 우주의 공허함으로 이어지는 길을 열어준다. 이것이 바로 이 그림에서 침대가 무중력의 허무함에 헐떡이며 매달린 채 홀로 서 있는 것처럼 보이는 이유다.

구멍은 홀로 남아 있다. 거기서 나와봤자 두려워서 비명을 지르는 것 외에는 아무도 그것을 원하지 않는다는 사실을 알게 된 진실 그 자체와 같다. 구멍들은 쓸모없고, 심지어 사용할 수도 없는 틈일 뿐이다. 왜냐하면 사랑 밖에는 우리에게 그 진실을 보게 해주는 빛나는 동반자가 지상에 없기 때문이다.

그리고 구멍의 모습으로 보여지는 무無에 연루되는 법을 아는 사람은 마침내 그를 바라볼 어떤 얼굴을 갖게 될 것이다. 나는 여기에서 베이컨이 마지막 수련의 광채를 가지기를 바라며 계속 그렸을 그 입들을 생각

183

하고 있다. 그리고 그는 마치 섹스를 하듯 손가락을 그 안에 넣었다. 그림은 우리에게 이렇게 강력하게 호소함으로써 우리 안에서 열렬한 포옹에 대한 희망을 발견한다.

마지막으로 내가 말하고 싶었던 것은 두 몸 사이의 성기가 닿는 곳, 배 아래의 모든 것이 파랗게 변하는 부분이다. 베이컨은 이것을 그렸다. 이는 참으로 놀라운 일이다. 그는 그것이 이루어지는 장소로 우리의 관심을 끌기 위해 굳이 화살표를 필요로 하지 않는다. 두 몸이 얽혀 있는 이 지점에서 불은 파란색이다.

사랑을 나눌 때 뱃속에서 빛나는 것은 파란색이다. 가연성 물질이 살을 착색한다. 이것은 '성기의 블루'다.

조르주 바타유가 죽기 직전《에로스의 눈물》에 이 그림을 '방'이라는 제목으로 실은 것은(그에게 이 그림을 소개한 사람은 미셸 레리스였을 것이다), 이 장면이 "죽음 속에서조차 삶을 인정"(그는 《에로티즘》의 서두에 이렇게 쓴다)하는 것이라고 생각했을 뿐만 아니라, 이 장면에서 쾌락이 야기하는 극도의 흥분 상태가 우주와의 놀이로 이어지기 때문이다. 즉 성교는 가면을 쓴 희생인 것이다.

밤의 어둠 속에서와 마찬가지로 동굴의 어둠 속에서도 불꽃 사이로 파란색이 흐른다. 그림은 배와 배고픔, 섹스를 비우고 태곳적부터 이를 악물고 있는 입을 통과하는 것에 갑자기 색을 입히는데, 바로 블루다. 블루는 혈종 같은 블루이기도 하고 멍 같은 블루이기도 하고 생고기 같은 블루이기도 하고 아픈 혀 같은 블루이기도 하지만, 또한 쾌락과 깨달음의 블루이기도 하고 어둠을 가르는 빛의 파도 같은 블루이기도 하고 내 머릿속의(그리고 어쩌면 여러분 머릿속의) 벌집 같은 블루이기도 하다.

20

조지 다이어의 죽음(1)

조지 다이어에게 경의를 표하는 3부작이 걸려 있는 큰 전시실에 들어갔을 때 파란 후광이 사라졌지만 나는 신경 쓰지 않았다. 나는 베이컨이 예술의 역사에서 드문 명철한 순간에 그리는 데 성공한 이 어둠에 완전히 사로잡혀 집중하고 있었다. 나는 이 기념비적인 그림과 맞설 준비가 되어 있었다. 나는 이 길을 처음부터 끝까지 걸어와, 미로 속으로 뛰어든 다음 이 고뇌의 여정에 몸을 맡겼고, 마침내는 베이컨이 상상할 수 없는 일, 즉 연인의 죽음을 그리는 일을 감히 시도하는 〈1973년 5~6월의 3부작〉에 도달했다.

베이컨 전시회에서 하룻밤을 보내라는 권유를 받아들인 것은 미술관에 혼자 있고 싶다는 꿈을 실현하기 위해서이기도 했지만, 더 은밀하게는 이 그림에 나 자신을 내어놓을 계획이었기 때문이다. 나는 이 3부작을 시간 제한 없이, 필요하다면 밤새도록 바라보고 싶었다. 이 작품은 엄청난(어쩌면 불가능한) 집중력을 요구하는데, 나는 특히 이 불가능한 경험을 하기 위해, 그래서 불가능이 가능해지게 하려고 이곳에 왔다. 전시장에서 네 시간을 보내고, 그리고 지금까지 이야기한 온갖 시련을 겪은 후, 나는 여기에 있다.

〈1973년 5~6월의 3부작〉은 제단처럼 펼쳐진 세 개의 커다란 검은색 패널로 구성되어 있다. 이 문장을 쓰면서 나는 이 작품의 복사본을 내 앞에 올려놓았다. 나는 그것을 전시 카탈로그에서 오려내 어딜 가든 가지고 다닌다.

카페나 도서관 테이블, 혹은 내 책상에 앉으면 바로 나는 눈앞에 아코디언처럼 열리는 이 작은 제단을 세우고 글을 쓰기 시작한다. 결국 그날 밤 이 3부작 앞에서 얼마나 오랜 시간을 보냈는지 그건 잘 모르겠지만,

이 책을 쓰기 시작한 4년 전부터 지금까지 나는 계속해서 이 3부작을 다시 생각한다.

그림은 우리를 어디로 데려가는가? 〈창세기〉는 "너에게로 가라"고 말한다. 베이컨은 나를 나 자신으로부터 떼어놓음으로써 나를 나만의 밤으로 데려다주었다. 내가 드디어 지지점을 찾은 것일까? 반대로, 우리가 항상 초조해하면 한계가 없어지면서 우리 자신을 두려움에 내맡기게 된다.

사람들은 조지 다이어가 베이컨의 삶에 침입했다고 말한다. 1963년 어느 날 밤, 그는 강도질을 하려고 지붕을 통해 리스 뮤스의 스튜디오에 침입한 것으로 알려져 있다. 베이컨은 깜짝 놀랐을 것이고 두 사람은 싸웠을 것이며, 그 싸움은 어떤 의미에서 이 만남을 기념하는 그림인 〈싸우는 남자들〉에서처럼 포옹의 형태를 취했을 것이다.

이것이 사실인지 아니면 꾸며낸 얘기인지는 중요하지 않다(그들이 바에서 만났다는 것이 더 그럴듯해 보인다). 다이어는 런던 이스트엔드 출신의 건장하고 남자다운 어린 불량소년으로 좀도둑질을 하다 붙잡혀서 복역했고,

스케일이 큰 범죄자가 되기를 꿈꾸었으며, 그 시대의 도둑들처럼 항상 말끔하게 옷을 입고 다녔지만, 그의 유순한 기질과 절제되지 않은 음주는 그를 수동적으로 만들어 고통의 우리에 가두었다. 베이컨은 그에 대해 다음과 같이 말했다. "내 생각에 그 친구는 사기꾼이 되기에는 너무 착했던 것 같아요. 어쨌든 무슨 짓을 하든 붙잡혔으니까요."

그와 베이컨은 팔 년 동안 서로에게 열렬히 집착했고, 다이어는 그가 가장 좋아하는 모델이 되었다. 베이컨은 그를 가학적인 악착스러움과 강박적인 경의가 동시에 담긴 성행위에서처럼, 모든 자세로 열심히 그렸다. 회화의 역사에서 과연 조지 다이어 만큼 많이, 그리고 정확히 보인 사람이 있을까?

그는 항상 어디에나 있다. 팬티 차림으로 의자에 앉아 있기도 하고, 양복을 입고 거울 앞에 서 있기도 하고, 소파에 주저앉아 있기도 하고, 복서 반바지를 입고 있기도 하고, 자전거에 올라타 있기도 하고, 심지어는 변기 위에 걸터앉아 있기도 한다. 베이컨은 그의 몸을 이 캔버스에서 저 캔버스로 걸쳐놓고, 그것을 왜곡하고, 비틀고, 분할하고, 해체하고, 절단하고, 장기를 잘라내고, 눈이 검은 즙으로 변할 때까지 압착했다. 베이컨의 전기 작가인 마이클 페피아트는 "베이컨은 조지 다이어와 함께 가장 멀리까지 가서 그가 그림 속에서 사라질 때까지 그의 살을 분쇄한다"라고 말했다.

전체가 봉헌물로 그림에 바쳐진 다이어가 언젠가는 그림 속에서 목숨을 잃을 거라는 것은 논리적이지 않은가? 그와 베이컨의 관계는 너무나 깊어서 자기파괴에 가까웠다. 다이어는 자신이 이해하지 못하는 것, 즉 그림에 자신을 바치고 그것의 무의미한 오브제가 되는 고통을 겪었다. 한편 베이컨은 다이어에게서 모든 것을 빼앗아 괴물 같은 욕망을 실현하면서 그와 함께 소진되었다. 그들 사이에는 투우 같은 일이 계속 일어났다. 베이컨은 그를 자신의 캔버스에서 희생시켰다.

베이컨과 다이어의 스토리에서 영감을 받아 쓴 소설 《사랑의 그림》에서 레리 트렘블레이는 섹스는 "살인만큼 큰 충격을 안겨주지만 그것으로 죽지는 않는다"고 말했다. 그러면 그림은 어떤가?

1971년 10월 베이컨은 파리 그랑 팔레에서 전시를

하도록 초청받았다. 베이컨 이전에 이 영예를 얻은 화가는 단 한 명뿐인데, 바로 피카소다. 사진에서 베이컨은 국립 경찰들에게 둘러싸여 그랑 팔레 정문 앞에서 자랑스럽게 포즈를 취하고 있다. 현대미술 애호가인 조르주 퐁피두 프랑스 대통령이 전시회의 테이프를 끊었고, 10월 26일 프리뷰 저녁에는 베이컨과 함께 전시장을 방문했다.

이 전시회는 베이컨의 화가로서의 명성을 기념하는 것이었지만, 개막 이틀 전 다이어는 생페르 거리에 있는 한 호텔에서 약물 과다 복용으로 사망했다.

베이컨은 다이어가 파리에 오는 것을 원하지 않았다. 그는 전시회 준비와 여러 약속으로 인해 눈코 뜰 새 없이 바빠서 알코올과 마약 중독으로 통제 불능 상태에 빠져버린 연인을 돌볼 수가 없었다. 그는 이미 영국과 그리스에 머무는 동안 두 번이나 도움을 요청해야 했는데, 다이어가 점점 더 많은 약을 복용했기 때문이다. 그럼에도 불구하고 베이컨은 다이어가 나중에 런던의 병원에서 해독 치료를 받은 후 그와 함께 시간을 보내기로 했다. 베이컨은 이렇게 말했다. "아주 오래

전부터 우리 사이에는 더이상 아무 것도 없었다. 하지만 그가 많은 그림에 등장했기 때문에, 나는 그에게 안된다고 말할 수 없었다." 그날 그와 베이컨은 격렬한 말다툼을 벌였고, 베이컨은 그에게 런던으로 돌아가는 비행기 표를 사라고 돈을 주었지만, 다이어는 그 돈을 마약을 사고 술을 마시는 데 쓰고 매춘부를 호텔 방으로 데려왔다. 그날 밤 호텔로 돌아온 베이컨은 두 사람이 함께 있는 것을 보았다. 다이어는 최악의 상태였다. 그래서 베이컨은 런던 갤러리의 스태프 중 한 사람이 묵고 있는 다른 층의 트윈침대 방에서 자기로 했다. 다음 날 아침, 다이어가 있던 방은 혼돈의 상태로 발견되었다. 매춘부는 어디론가 종적을 감추었고, 다이어는 변기에 몸을 웅크린 채 죽어 있었다.

호텔 주인과 프랑스 당국은 전시회에 피해가 갈까봐 다이어의 죽음을 비밀에 부치기로 합의했다. 베이컨의 작품을 전시하는 갤러리의 대표는 만약 기자들이 이 사실을 알게 되면 그의 그림에 대해 보도하지 않고 오직 이 죽음과 관련된 스캔들에 대해서만 떠들어댈 거라고 생각했다. 그리하여 사망 신고가 되지 않았고, 시신은 이틀 동안 방에 그대로 남아 있었다. 베이컨은 취하고 무감각해서 유령 같은 상태로 전시회의 개막 테이프를 끊었다. 전시회를 찾은 조르주 퐁피두 대통령은 다이어가 죽기 칠 년 전인 1964년에 베이컨이 변기에 앉아 있는 다이어를 그린 3부작 〈방 안의 세 인물〉 앞에 멈춰서더니 그에게 당시 프랑스 정부가 구입하고자 했고 지금은 퐁피두 센터가 소장하고 있는 이 그림에 대해 이것저것 물었다. 우리는 다이어의 죽음을 당연히 알았을 프랑스 대통령이 베이컨에게 상처에 소금을 문지르도록 강요한 이 모호하고 잔인하고 끔찍한 장면을 상상만 할 수 있을 뿐이다.

개막일 저녁, 미셸 레리스와 그의 아내가 리옹 기차역의 유명 식당인 '파란 열차'에서 베이컨의 전시회를 축하하는 만찬을 준비했다. 그중에는 이틀 전 베이컨이 〈라 캥젠 리테레르〉와의 인터뷰에서 대담했던 마르그리트 뒤라스도 있었다. 그들은 고야에 대해 이야기를 나눴고, 베이컨은 "고야의 그림은 공기라는 물질로 만들어져 있는 것 같다"라고 말했다. 그리고 인터뷰의 끝 무렵에, 우리가 조지 다이어의 부재하는 실루엣을 보지 않을 수 없는 이 말을 했다. "그림을 그리려면 나는 완전히 혼자 있어야 합니다. 집에 아무도 없어야 하는 겁니다. 제 본능은 거기 있는 다른 사람들과 함께 작업할 수가 없어요. 그들을 사랑하게 되면 더더욱 그림을 그리기가 힘들어집니다. 그러니 오직 자유와만 작업해야 합니다."

'파란 열차'에서 베이컨은 힘을 내어 자리에서 일어나 감사의 연설을 했다. 다이어의 소식은 분명히 베이컨과 가까운 사람들에게 전해졌을 것이고, 우리는 이 날 밤의 사진에서 이사벨 로손과 미셸 레리스의 얼굴에 깃든 슬픔을 본다. 프랜시스 베이컨의 영광의 날은 그의 인생에서 최악의 날이었다.

21

조지 다이어의 죽음(2)

〈3부작〉 앞에 서는 순간, 숨이 턱 막혔다. 이 세 개의
패널은 좌우로 길어서 감상하기가 쉽지 않았다. 반사
광 때문에도 힘들었지만, 그림에 가까이 다가가자 폭
이 너무 넓어서 양쪽 끝부분에 뭐가 그려져 있는지 보
이지 않았다. 나는 3부작 전체가 편하게 보이는 지점을
찾을 때까지 뒤로 물러섰다.

나는 거의 방 한가운데에 있었고, 바닥에 앉아 맞잡
은 두 손을 무릎에 올려놓은 채 그림들을 올려다보았
다. 피곤했다. 아마 새벽 3시쯤이었을 것이다. 나는 간
이침대 아래에 둔 가방에 전화기를 넣어 두었다. 시간

은 더이상 중요하지 않았다. 피로로 인해 나는 우주로 미끄러져 갔고, 내 몸 자체는 눈 뒤로 사라졌다. 불쾌한 느낌은 들지 않았다. 나는 내 시선에 사로잡혀 있었고 그것을 믿었다. 더욱이 베이컨의 그림에서는 인체 구조가 보이기도 하고 안 보이기도 한다. 머리는 발보다 중요하지 않고, 몸은 더이상 중심이 없으며, 흩어져 있다.

네 시간 이상 견디며 베이컨의 그림을 보고 나니 다리와 팔에 힘이 빠지고, 입도 사라져 버린 것 같았다. 내게 남은 건 오직 눈뿐이었다. 나를 여기까지 데려온 것은 바로 이 눈이었고, 눈은 계속해서 나를 안내할 것이다. 나는 나의 밤을 내 눈에 맡겼다.

그래서 내 앞에는 조지 다이어의 마지막 순간이 담긴 이미지가 있었다. 그것은 그의 죽어가는 몸을 담은 세 개의 스냅샷이었다.

왼쪽에는 벌거벗은 남자가 변기에 앉아 있는데, 몸은 앞으로 숙이고 머리는 무릎에 닿아 있다.

오른쪽에는 남자가 세면대에 기대어 있고, 구토를 하고, 코에서는 피가 흐르고 있다.

한가운데에는 변기도 세면대도 없고, 이 남자의 머

리만 어둠에 잠겨 있다.

그것은 생 페르 거리에 있는 호텔 방이고, 생명이 없는 다이어가 발견된 화장실이고, 마지막 고독의 장소다. 비존재가 존재를 집어삼키듯 공간을 먹어 치우는 것은 이 암흑이다.

베이컨은 값비싼 보르도 와인의 찌꺼기를 좋아해서 먹었다고 한다. 조지 다이어가 사망한 호텔 벽의 넓고 평평한 부분은 와인색인 검붉은 색과 짙은 자주색이다. 그것들은 베이컨의 그림들을 둘러싼 금박 프레임을 연상시키는 문에 집중시킴으로써 공간을 세 배로 좁힌다. 마치 다이어가 죽어가는 검은 공간으로 통하는 이 문이 그의 그림의 이미지인 것처럼, 마치 그가 연인의 죽음이라는 생각할 수 없는 순간을 오직 그림의 형태로밖에 표현할 수 없었다는 듯 말이다. 죽음은 직접 표현할 수 없다. 그것은 오직 그림으로 상상할 때만 존재한다. 죽음은 그림이다.

그림을 마주하며 아무리 뚫어지게 바라봐도 그림이 보이지 않았다. 생각이 너무 많아서였을까. 생각을 떨쳐버리고 마음을 비우고 나의 내면을 드러내야 했다.

나는 몇 분 동안 눈을 감았다. 그날 밤 나는 우리가 어둠을 통과한 후에야 비로소 볼 수 있다는 사실을 깨달았다.

몇 분 후, 다시 눈을 뜨자 기분이 좀 나아졌다. 나는 이해하려고도 보려고도 하지 않고, 그냥 안내판만 보았다. 하기야, 도대체 무엇을 이해한단 말인가? 사람은 죽는다. 계속해서 죽어갈 뿐이다. 나는 베이컨이 죽음의 순간을 배가시켰다고 느꼈다. 죽음의 순간은 포착할 수 없기 때문이다. 육체가 한계에 도달하면 자신을 공격하는 그림자들과 싸운다. 그러다가 몸은 그 변기 위에서 둘로 나뉘고, 자신도 모르는 사이에 자기 자신을 철수시킨다. 나는 베이컨 이전에는 그 누구도 변기 위에 앉아 있는 남자를 그릴 생각을 하지 않았다고 생각했다. 로댕의 〈생각하는 사람〉이 떠올랐다. 생각하는 사람은 똥을 싼다. 나는 생각했다. 그는 자신의 존재에 똥을 싸는 것이다. 삶의 혼란에 사로잡힌 한 남자의 마지막 몸짓은 경련이다. 공포는 소화관의 형태를 취한다. 남자는 흡수되기 전에 자신을 비운다.

중앙 패널, 빛 속에서 마지막으로 솟아 있는 다이어

의 겁에 질리고 고통스러워하는 머리 위쪽에서, 나는 노란 전구가 전선 끝에 마치 십자가처럼 팽팽하게 당겨져 있는 것을 보았고, 그림 맨 아래에는 배수관이 있었다. 그러므로 베이컨이 존재를 위치시킨 곳은 바로 여기, 십자가와 배수관 사이다.

이미 이 3부작의 복제본을 봤지만, 실제로 그림 앞에 서자 나는 내 눈을 믿을 수 없었다. 우리는 돌이킬 수 없는 것과 같은 수준에 있었다. 베이컨은 다른 어떤 것도 없이 자기 연인의 죽음을 보여주었다. 그는 납작 엎드린 채 자기 자신의 소멸에 흡수되었다. 어둠 속으로 무섭게 미끄러져 들어간 것이다. 나는 보쉬에의 《죽음에 관한 설교》를 생각했다. 그는 뜰 앞에서 무덤을 열었을 때 이렇게 말했다. "와서 직접 보십시오." 그리고 그는 다음과 같은 말을 반복한다. "죽음의 자궁과 그 짙은 그림자."

우리는 죽음의 그림자를 분명히 볼 수 있다. 그림자는 이 그림에서 시체를 덮치는 맹금류의 악마 같은 모습을 하고 있다. 베이컨은 중앙 패널에서 그의 연인을 흡수하는 검은 웅덩이를 뱀파이어 입의 형태로 표현했다.

나는 긴장했다. 내가 보아야만 하는 것을 볼 수 있을지 확신할 수 없었다. 나는 우리가 보고 싶은 것만 본다는 사실을 잘 알고 있다. 하지만, 형체로 드러낼 수 없는 것과 마주하는 것이 매일 있는 일은 아니다. 나는 정말로 조지 다이어의 죽음을 보고 있는 걸까? 베이컨은 이렇게 말했다. "나는 내 그림이 인간존재가 그곳을 통과한 듯한 느낌을 주었으면 좋겠다." 나는 존재가 보이지 않는 것의 변두리에서 드러나는 이 절대적인 존재와의 만남(나는 이것이 운명적이라고 판단했다)을 놓칠 수 있다는 걱정 때문에 혼란스러웠다.

3부작은 어떻게 보는 걸까? 왼쪽에서 오른쪽으로 보는 걸까? 세 개의 패널은 이어지는 것이 아니라 수렴하는 것 같다. 시선은 자연스럽게 한 패널에서 다른 패널로 고리를 이루며 이동한다. 시선에는 분명 분리된 사물을 동시에 볼 수 있는 지점이 있다. 나는 베이컨이 이런 형식을 채택함으로써 의도한 것은 바로 이 같은 동시성이었다고 생각한다. 그가 그림을 그린 것은 전기적 단락短絡의 폭력을 우리에게 전달하기 위해서였다. 다이어는 자기 존재의 가장자리에서 자신을 상쇄

하는 정반대의 존재를 만나면서 죽는다.

그의 얼굴이 저절로 미끄러져 가라앉고, 그의 두 눈은 영원히 감긴다. 그리고 세면대 위에 있는 그의 코에서 흘러내리는 두 방울의 피는 베이컨이 그린 가장 어둡고 가슴 아픈 장면 중 하나다.

나는 이 그림의 침묵과 입 밖으로 나오지 않는 외침에 서서히 마음을 열었다. 어둠 속에서 무엇이 꿈틀거리고 있을까? 아무것도 없다. 정확히 말해서 호흡을 방해하는 것은 아무것도 없다. 베이컨이 측면 패널 하단에 그려 넣은 화살표에도 불구하고, 눈은 더이상 어디로 향해야 할지 모른다. 그리고 반 고흐의 신발만큼이나 슬픈 그 불쌍한 전구보다 더 나를 감동시키는 것이 있다면, 베이컨의 애도하는 마음이 그 안에 살아 있기 때문에 빛나는 것이 있다면, 그것은 오페라만큼이나 위협적인 이 걸작을 얼룩지게 하는 두 개의 흰색 페인트 자국이다.

눈물인가, 아니면 정액인가? 이것은 우스꽝스러운 질문이다. 여기서 우리는 모든 상징을 넘어섰다. 베이컨은 데이비드 실베스터에게 그가 자신의 〈3부작〉을 끝낸 후, 자기가 무엇을 하고 있는지도 모른 채 캔버스에 "흰색 페인트를 뿌렸다"고 말했다. 비밀 의식이 그걸 요구한 것이었다. 마지막에 분출하는 것은 삶 그 자체다. 나는 거기서 베이컨의 서명을 본다. 그림으로 표현된 생각의 극단적인 감정.

22

조지 다이어의 죽음(3)

이제 밤이 멈췄으면 좋겠다. 분출한 물감이 남긴 자국의 하얀 침묵으로 이 책을 끝내고 싶다. 왜냐하면 나는 그 안에서 정당화할 수 없고 기이하고 어쩌면 광기 어린 행복을 볼 수 있기 때문이다. 그러나 밤은 끝나지 않았고, 책도 끝나지 않았다. 여러분에게 이야기해줄 몇 가지 고난이 남아 있고, 함께 경험할 모험도 있다.

그리고 나는 이 3부작에 대해 여전히 할 말이 있다. 그 앞에 서 있다 보니 뭐라 말로 표현할 수 없는 이상한 일이 내게 일어났고, 나는 이 일을 말로 표현해 보려 한다.

나는 우리 마음이 거부하는 바로 그것을 맞아들이기 위해 내 안에 자리를 만들려고 노력했고, 계시라는 것은 없다는 사실을 분명히 깨달았다. 베이컨이 감히 표현한 것처럼 죽음은 존재하지 않는 것의 승리다. 삶은 전등 스위치처럼 꺼진다.

우리 몸은 자신도 모르게 도달하는 이 엄청난 순간, 그 받아들일 수 없는 움직임을 밀어낼 힘이 더이상 없다. 닫힌 밤, 그것의 막다른 길에서, 파이프는 오직 하나뿐이며, 억제할 수 없이 쏟아지는 것은 더이상 물줄기가 아니라 그 정반대인 검은 그림자다. 이 그림자는 다이어 위로 퍼져나가 그의 몸을 그림 속에 잠기게 한다.

베이컨은 항상 연인의 죽음을 자살이라고 말했지만, 죄책감을 숨기지 않았다. 술과 마약에 취한 다이어가 자기 때문에 쓸쓸히 죽어갔다는 사실을 알고 있었기 때문이었다.

나는 내가 얼마나 외로운지 느꼈다. 그리고 어쩌면 오늘 밤 나의 고독은 그렇게 될 운명이었는지도 몰랐다. 이 그림을 다른 사람과 함께 보는 것은 불가능하며, 그 검은 숨소리를 듣지 못하게 하는 군중 한가운데에서는 더더욱 불가능하다. 그리스도의 나무가 인류를 구원하기 위해 하늘로 올라간 것처럼, 이 거대한 그림자 웅덩이가 우리에게 다가올 수 있도록 우리는 고독을 더 심화시키고 마음을 열어야 한다. 이 비극적인 흐름이 우리에게 도달하도록 해야 한다. 우리가 세상과 타인들, 산 자와 죽어가는 자들, 끊임없이 태어나고 사라지는 인간 공동체 전체에 합류할 수 있게 이 어둠이 우리를 감싸야 한다.

조지 다이어의 고통 앞에서 나는 아무것도 할 수가 없었다. 그러나 나는 심장 박동과, 예기치 못한 빛의 기억과, 가장 연약한 순간에 돌아오는 잃어버린 비밀과 연관된 지각할 수 없는 뭔가를, 내 것이 아니며 어떤 의미에서는 누구에게도 속하지 않은 뭔가를 가슴과 목에서 느꼈다. 다른 사람이 내 안에서 숨 쉬는 것이 느껴졌다. 그 사람은 바로 조지 다이어였다. 잘은 모르겠지만, 어쩌면 내가 너무 집중해서 그랬을 수도 있고, 아니면 이 그림의 밤에 빠져들었기 때문일 수도 있다. 그러나 나는 그의 취기를, 그를 돌아올 수 없는 지경으로 이끈 분노와 절망, 멍한 무모함을 느꼈다. 그에게서 내면의 혼돈이, 뒤로 돌아가려는 미친 듯한 시도가, 그리고 동시에 돌이킬 수 없는 것에 대한 포기가, 모든 걸 끝내고 의식을 잃고 죽음 속에서 잠들고 싶어서 자신을 최악의 상황에 빠지도록 내버려 두는 그 가벼운 무관심이 느껴졌다.

다른 누군가의 감정을 경험하는 것이 가능할까? 그러기 위해서는 반드시 그 다른 사람이 되어야 하지만, 이 지점에서 대상과 합쳐지는 공감은 불가능하다.

그러나 실제로는 이런 일이 일어났다. 사랑 너머에는, 말발굽이 풀을 짓밟는 것처럼, 모든 감각을 다해 그 신선함을 느끼고 싶은 충동이 존재한다.

그림 덕분에, 산 자와 죽은 자 간의 차이는 더이상 존재하지 않고 경계도 없어진다. 우리는 우리 몸을 떠나고, 우리의 감각은 존재의 가장 작은 주름 속으로 미끄러져 들어간다.

그림은 베이컨이 진실에 대해 언급하는 이 "이상한 문"을 계속 열어둔다. 그리고 이 문을 통과하는 것은 그림과 우리를 이어주는 연결의 신비다. 영혼이 슬그머니 들어가는 곳은 바로 여기다.

조지 다이어가 내 앞에서 죽어가고 있었기 때문에 그의 몸은 내 몸 같았다. 우리 사이에는 소통이 이루어졌다. 베이컨은 이러한 정신의 전달을 증언하고, 나도 베이컨을 보면서 그것을 증언한다.

죽어가는 누군가는 우리에게 인간이라는 종種으로 통하는 문을 열어준다. 그림은 시와도 같다. 한 영혼에서 다른 영혼으로 이어지는 것이다. 나는 조지 다이어를, 죽어가는 사람을 알지 못했지만, 그의 죽음은 그를 향해 열려 있는 내 마음으로 전달된다. 죽음이 무엇인지 아는 사람은 아무도 없다. 왜냐하면 우리에게 다시 돌아와 죽음이 무엇인지 말해주는 사람이 없기 때문이다. 죽음은 경험을 거부한다. 그렇지만 그림은 몸을 흡수하는 어둠에 나 자신을 내맡길 때, 우리에게 글을 쓰도록 재촉하는 폭력으로 우리 눈을 강타한다.

23

어둠

완전한 어둠. 내 눈이 적응하기를 기다리며 숨을 참았다. 하지만 내 눈은 적응하지 못했다. 더이상 아무것도 보이지 않았다. 완전한 어둠이었다. 내 눈에 무슨 일이 일어난 게 틀림없었다. 전시회장에 들어온 이후로 계속 시력을 잃어가고 있었는데, 이번에는 한 치 앞도 볼 수 없었다. 베이컨의 그림을 보다 보니 조지 다이어처럼 그 그림이 나를 어둠 속으로 흡수했다. 나는 나 자신을 가두어 늑대 굴에 던져 넣었고, 베이컨의 그림과 접촉하다가 눈을 태웠다. 그날 밤은 극심한 고통의 연속이었다.

눈을 크게 뜨려고 했지만, 이미 뜨고 있었고, 아무것
도 보이지 않았다. 불쑥 일어나 어둠 속에서 몇 발자국
을 내딛다가 균형을 잃었다. 어둠 속에서 움직이기가
쉽지 않았고, 어디로 가야 할지, 어떤 방향으로 가야 할
지 알 수 없었다. 왼쪽도 오른쪽도, 앞도 뒤도 없이 주
위는 온통 텅 비어 있었다. 나는 얼어붙었고, 다리가 떨
렸고, 불안감 때문에 가슴이 답답했다.

내가 시력을 잃다니, 이게 있을 수 있는 일인가? 전
기가 나간 게 틀림없었다. 조금만 기다리면 다시 불이
들어올 것이다. 소방관들은 내가 여기 있는 걸 알고 있
으니 출동해서 구해줄 것이다.

하지만 아무 일도 일어나지 않았고, 전시실에는 여
전히 어둠이 가득했다. 오직 어둠뿐이었다. 나는 어둠
속에 갇혔다.

"거기 누구 없나요?"

도움을 요청할 수도 없었다. 소방관들은 귀가했기에
내 소리를 듣지 못했다. 그들이 보부르의 소방본부는 완

전히 전산화되어 있고, 그곳에는 아무도 없으며, 만일을 대비해 전화번호를 남겨놓겠다고 내게 말했던 것 같다.

그 전화번호는 어디 있을까? 봉투 속에 들어 있을 것이다. 그렇다, 미술관장이 전시장 지도와 함께 준 봉투 속에 들어 있는 것 같다. 물론 나는 그 봉투를 지니고 있지 않았고 휴대폰도 간이침대 밑에 뒀기 때문에, 모든 게 아무 소용이 없었다. 소리를 지르고 싶었다.

바닥에 누워 팔짱을 끼고 심호흡을 하기 시작했다. 평정심을 되찾아야 했다. 차분히 생각해보면 해결책을 찾을 수 있을 것이다. 그렇지만 더이상 아무 것도 볼 수 없는 전시장에 밤새도록 갇혀 있을 수는 없었다. 동시에, 내가 아무리 발버둥을 쳐봤자 소용없었다. 이것이 바로 내게 일어나고 있는 일이었다. 나는 베이컨의 세계에 갇혀 있는 것이다. 그가 나를 가두었고, 나는 신중하지 못했다. 베이컨이 나를 함정에 빠뜨려 사로잡아 버린 것이다.

어떻게 해야 이 무덤에서 빠져나갈 수 있을까? 그날 밤의 감정은 나를 지치게 했다. 더이상 내가 할 수 있는 일이 없었기 때문에, 이제는 나 자신을 놓아줄 때가 된 것 같았다. 결국 나는 보고 싶었던 것을 보았고, 나의 욕망을 끝까지 추구했다. 그것은 나름대로 기분 좋게 끝난 성공 체험이었다.

그날 밤에 대해 하게 될 이야기를 생각하며 속으로 웃었다. 도저히 일어날 것 같지 않은 이상한 일들이었고 너무 많은 일이 일어났기에, 나는 약간의 휴식을 취하기로 했다. 누워있으면, 잠을 이룰 수 있을지도 모른다.

동틀 때까지 조용히 기다리는 것이 해결책이었다. 하지만 나는 즉시 그 반대로, 그것은 실현 가능성이 없는 해결책이라고 생각했다. 여기에는 빛이 들어오지 않기 때문이었다. 그렇다면 퐁피두 센터가 다시 문을 열고 그 빌어먹을 네온등이 다시 켜질 때까지 기다려야 하는데 솔직히 내게는 인내심이 부족했다. 어둠 속에 누워있는 것은 곧 산 채로 묻히는 거나 마찬가지였다. 이 이야기가 이렇게 끝날 수는 없었다.

이 미술관에는 분명히 순찰이 있을 테니 언젠가는 경비원이 올 거라고 생각했다. 수많은 작품이 있는데 아무도 감시를 하지 않을 리가 없었다. 나는 자유롭게 돌아다니도록 허용되었고, 비록 그림에 보호 유리판이 끼워져 있지만, 낯선 사람을 밤새도록 베이컨과 함께 두는 건 완전히 이상하고 위험해 보이기까지 했다.

분명히 카메라가 있을 것이다. 사실 나는 처음부터 감시당하고 있었고, 내 동선은 모니터를 통해 추적되고 있었으며, 나를 관찰하는 담당자는 밤 10시 30분부터 허둥대는 나를 보고 웃음을 터뜨렸을 것이다. 하지만 그가 보고 있지 않을 가능성이 있다. 그리고 모니터도 카메라도 없을 가능성도 있다. 아무도 없는 것이다.

내가 등을 바닥에 대고 누워 점점 더 터무니없는 생각을 하다가 이 상황을 해결할 방법이 없다는 사실만 확인하고 점점 더 불안해하는 동안, 으르렁대는 것 같은 소리가 귀에 들려왔다. 그 소리는 처음에는 멀리서 들렸다가 조금씩 가까워졌다. 뭔가가 기어 오는 듯했다.

뛰어 올라갔다. 그것은 뱀이었다.

나는 내가 뱀으로부터 자유로워졌다고 생각했었다. 하지만 내 심장은 금방이라도 터질 것만 같았다. 어둠 속을 달리기 시작했다. 내가 지금 어디로 가는지 알 수 없었지만, 전시실에 머물러 있을 수는 없었다. 숨을 곳이 필요했지만, 어둠 속에는 숨을 곳이 없고 오직 어둠만 있었다. 어둠 속에서 마치 구멍 속에 빠져버린 것 같았다. 나는 뛰다가 머리를 부딪쳐서 쓰러졌다.

몸을 구부린 채 등을 벽에 기대고 무릎을 가슴에 갖다 댔다. 이마가 아팠지만 아파할 여유가 없었다. 심장이 귀가 먹먹할 정도로 큰 소리를 내며 뛰었다. 나는 귀에 손을 대고 뱀이 나를 찾아내지 못하도록 숨을 참았다.

이미 뱀의 촉수들이 비명을 지르며 이 전시실에서 저 전시실로 옮겨 다니고 있었다. 어둠 속에서 나를 향해 달려오는 길고 이빨 달린 창자가 보였다. 〈샤이닝〉에서처럼 열린 승강기가 보였고, 거기서 피가 솟구쳤다. 주홍색 거품이 내 쪽으로 밀려오고 있었다. 어릴 적부터 나를 쫓아다녔던 회색 생명체가 승강기 안에 있었다. 피의 흐름이 이 생명체를 내게 데려다주었다. 이 생명체는 너무나 오랫동안 나를 찾아다니다가 드디어 그날 밤 나를 발견했다. 나는 이 생명체에게 도전했다. 그러자 이 생명체는 아가리를 벌리고 내게 달려들었다. 그의 턱이 나를 갈기갈기 찢었다.

24

누가 나를 사로잡는가?

정신을 차렸을 때, 나는 마치 내가 더이상 존재하지 않는 것처럼 가벼워졌다고 느꼈다. 그러다가 갑자기 불을 꺼달라고 했던 사람이 나였다는 사실을 깨달았다.

그것은 정전도 아니었고 베이컨이 파놓은 함정도 아니었다. 이 악몽을 꾸게 만든 건 나였다. 내가 이 어둠을 프로그래밍한 것이다. 다른 사람이 아닌 바로 내가 빛을 차단해달라고 요구한 거였다.

이제 기억이 났다. 준비 모임에서 소방관이 〈베이컨의 모든 것〉 전시회가 열리는 퐁피두 센터 6층 현대 미술관의 여덟 개 방에 시행할 안전 대책을 설명한 후,

베르나르 블리스텐이 내게 간이침대 외에 특별히 필요한 것이 있는지 물었다. 그때 나는 "불을 꺼주면 좋겠습니다"라고 대답했다.

모두가 웃었고, 나는 네온 불빛 때문에 그림이 잘 안 보인다고 덧붙였다. 몇 년 전 나는 피렌체의 산 마르코 수도원에서 빛과 함께 멋진 모험을 한 적이 있다. 운 좋게도 어둠 속에 잠긴 프라 안젤리코의 〈수태고지〉를 보았었다. 나는 친구들과 함께 밤에 와서 이 그림 앞에 서서 새벽을 맞이하는 것을 허락받았다고 얘기했다. 이 프레스코화 왼쪽에 복도를 내려다보는 창문이 있었다. 새벽이 되자 〈수태고지〉에 빛이 들어와 처음에는 정원, 다음에는 천사의 날개, 그리고 마지막에는 성모의 배를 서서히 비추었다. 그날 아침 우리는 산 마르코 수도원의 프라 안젤리코와 그의 동료들이 매일 아침 그림 앞에서 기도할 때 경험했던 것처럼 〈수태고지〉를 보았다.

"그림은 어둠 속에서 더 잘 보이죠." 나는 웃으며 말했다. 그러자 소방관은 6층에는 창문이 없고 베이컨 전시회가 열리는 전시실에서는 외부가 내다보이지 않는다고 대답했다. 빛을 차단하면 시야가 확보되지 않을 것이다.

나는 손전등을 가져오겠다고 대답했고, 우리는 빛이 차단되는 시간을 합의했다. 새벽 3시가 적당할 것 같았다. 빛이 켜져 있을 때 전시를 보고 3시부터는 새로운 경험을 하면 좋을 것 같았다.

"그럼 3시가 되겠군요." 베르나르 블리스텐은 결론을 내렸고, 소방관은 그 정보를 보안 PC로 전송해 2019년 10월 12일 오전 3시에 조명을 끄도록 디지털 방식으로 프로그래밍하겠다고 덧붙였다.

나는 어둠 속에 앉아 미소 지었다. 이날 밤이 전개되는 방식에는 내가 좋아하는 뭔가 터무니없는 것이 있었다. 괴상함은 정당화될 수 없다. 그것이 정신의 비밀을 건드린다는 점에서 그렇다. 아무것도 우리를 막지 못할 때, 우리는 어디로 미끄러질까? 이날 밤 나는 불안에 너무 빠져서, 할 수 있는 거라곤 그걸 무시하는 것밖에 없었다. 작품에 접근할 때 나는 안전한 쾌락을 내 안에서 강화하는 것이 아니라 진실을 찢어내는 고독을 경험하려고 애쓴다. 대부분의 사람들이 대충 훑어보는 것에 만족하는 존재의 지점이 있다. 우리를 위협하는 것으로부터 우리 자신을 보호하는 것이 더 편리하기 때문이다. 우리는 우리 자신의 한계를 밀어냄으로써 이 지점에 도달한다. 소란스러움은 그 자체로 뒤죽박죽인 혼돈을 제공할 뿐이다. 하지만, 이 소란을 지나면 우리의 눈꺼풀 아래에서 불타는 이 검은 나라보다 더 뜨겁게 타오르는 지역이 나타난다.

공포는 숨 막히게 하는 것을 부서뜨릴 정도로 거칠고 갑작스럽다. 하지만 공포는 코미디의 요소도 가지고 있다. 너무 무서워서 웃고 싶었다. 밤을 지내다 보니 나는 감정이 솟구쳐 우리에게 더이상 낯설지 않은 지점에 가까워졌다. 결국 죽음도 폭소를 유발할 수 있다. 그리고 한밤중에 만난 괴물은 예상치 못한 불빛으로 어둠을 밝힌다.

그렇다면 나는 누구였기에 헐벗은 삶에 이렇게 나를 바칠 수 있었을까? 앙드레 브르통은 〈나드자Nadja〉 서두에서 "나는 누구인가?"라는 질문보다 "누가 나를 괴롭히는가?"라는 질문을 더 선호했다. 이 책은 이 질문에 대한 나의 대답이다. 이 견디기 힘든 시련을 어떻게 건뎌낼 수 있을까? 이 의식은 우리의 강박관념이 빛 쪽으로 건너가도록 우리에게 호소한다. 나는 정신의 공포 속에서도 행복을 느낀다. 이상하게 보이지 않고 어떻게 그걸 말할 수 있을까? 시력을 잃고 공포에 휩싸였지만 나는 자유롭다고 느꼈다.

이제 반응할 때가 되었다. 일어나서 벽을 향해 몸을 돌리고 두 손으로 벽을 짚은 다음 오른쪽으로 움직이기 시작했다. 내 손은 더듬거리다가 액자에 이어 보호 유리판을, 그리고 다시 액자에 이어 벽을 만났다. 나는 내가 어떤 그림을 만지고 있는지조차 모른 채 이렇게 한 액자에서 다른 액자로 미끄러지듯 움직였다.

베이컨의 그림을 쓰다듬다니, 기분이 이상했다. 당연히 유리가 그림을 보호하고 있어서 그림의 재질을 손가락으로 느낄 수는 없었다. 하지만 여전히 금지된 행위를, 게다가 불경스럽기까지 한 행위를 저지르는 것 같은 기분이 들었다. 그러고 나서 나는 나의 밤의 흐름을 거슬러 올라가면서 역遡 체험을 하게 되었다.

어둠은 내가 베이컨의 그림을 한 번도 본 적 없고 앞

으로도 볼 수 없을 것처럼, 즉 눈에 보이는 것의 밖에서 내게 베이컨의 그림을 보여주었다. 나는 그의 그림을 한 점 한 점 건드리면서 그것들의 깊은 침묵에 귀를 기울였고, 여러 차례 그림에 내 뺨을 바짝 붙이기도 했다.

벽에 손을 대고 더듬더듬 앞으로 나아가던 나는 마침내 통로를 찾았고 그 안으로 들어갔다. 나는 이제 다른 전시실로 들어가서 벽에 손을 대고 또 다른 통로가 열릴 때까지 다시 앞으로 나아가기 시작했다. 느리고 지루했다. 더군다나 내가 맞는 방향으로 가고 있는지 확신할 수 없었다. 조금 전에 당황해서 허둥대다가 방향을 잃어버린 것이다. 조지 다이어에게 헌정된 3부작이 있는 방은 전시장 거의 끝에 있었다. 계속 이런 식으로 가다 보면 반대편으로, 즉 간이침대 쪽으로 갈 수 있기를 바랐다.

목소리 덕분에 길을 찾을 수 있을 거라고 순간적으로 생각했다. 조르주 바타유의 글을 읽고 있는 마티유 아말릭의 목소리가 들리면 길을 찾을 수 있을 것이다. 하지만 그 목소리는 더이상 들려오지 않았다. 빛과 함께 목소리도 사라져 버린 것이다.

복도를 따라가며 여러 개의 전시실을 지나갔다. 때로는 마치 내가 까마득한 절벽에 매달려 있는 것처럼 느껴지기도 했다. 그러다가 르로이 메를랭 상점에서 산 손전등이 생각났다. 르로이 메를랭이라는 두 단어가 나를 미소 짓게 했다. 메를랭은 단순한 마술사가 아니라 마법사였다. 그날 밤 나는 마법을 실컷 구경했다고 생각한다. 베이컨은 왕이었고 나는 그 사실을 알고 있었다. 그런데 그는 또한 마법사이기도 했다.

그럼 나는 누구였을까? 르로이였을까, 메를랭이었을까? 어느 순간, 두 손을 어떤 그림의 보호 유리판에 대고 있었는데, 내 뒤에서 뭔가가 느껴졌다. 그것은 내 가방이었다.

25

파랑새

"나는 자유로워질 거야, 파랑새처럼 그렇게."

—데이비드 보위

손전등을 켜자 마법이 시작되었다. 나는 지칠 대로 지친 상태에서 간이침대에 앉아 그림을 향해 팔을 뻗었고, 밤은 빛으로 가득 찼다.

내 휴대폰에 4시 7분이라고 표시되었다. 전시회장에 들어온 후로 나는 계속 열심히 살았고, 조지 다이어의 죽음에 직면하여 불이 꺼진 후에는 무려 한 시간 동안이나 길을 찾지 못했다.

몹시 목이 말랐다. 나는 물병을 비웠고, 화이트 와인을 가득 담은 플라스크를 가져온 것을 기억해냈다. 상세르 산 화이트와인이었다. "상세르 와인을 한 잔 마시면 사람이 진지해집니다." 예전에 카페 웨이터가 나에게 이렇게 말한 적이 있었는데, 그 말이 계속 머릿속에 남았다.

플라스크를 들고 베이컨처럼 "치리오(안녕)!"라고 외친 다음 플라스크를 비웠다. 살아 있으니 좋고 빛이 있으니 좋고 화이트 와인을 마실 수 있으니 좋았다.

손전등의 광선이 내가 좋아하는 그림 〈수도꼭지에서 흘러나오는 물〉을 비추었다. 그림의 수도꼭지가 멀리서 온 것처럼 보였다. 지금까지는 이 그림의 아우라를 알아차리지 못했다. 조명에 가려져 있어서였다. 어둠 속에서 이 아우라의 존재는 절대적인 힘을 발휘했다. 이 아우라가 보여주는 극도의 단순함은 삶이 죽음으로, 죽음이 삶으로 넘어가게 만든다. 손전등을 껐더니 수도꼭지가 사라졌다. 손전등을 다시 켜니 수도꼭지에서 다시 물이 흘렀다. 그림은 빛을 먹고 사는 것일까? 그림이 살아 있다는, 그것이 마치 조명의 변화에 인체처럼 호흡한다는 생각이 들었다.

돌아서서 내가 가장 좋아하는 또 다른 그림인 〈오이디푸스와 스핑크스〉 쪽으로 손전등을 비추었다. 밤의 두께를 뚫고 그림을 조각조각 뽑아내는 것은 즐거운 일이었다. 손전등이 그림에 동심원 후광을 투사하자 빛은 광윤光輪과 고리, 후광의 형태를 취하였다. 모든 것이 둥글었다. 오이디푸스의 붕대에 묻어 있는 응고된 피의 오래된 물질, 이두근의 줄무늬가 있는 분홍색과 베이지색 결, 대리석의 나뭇잎 무늬가 들어간 가장자리, 머큐로크롬을 뿌린 듯 보이는 붉은 색 등 모든 것이 선명한 디테일로 내 눈앞에 드러났다.

나는 디테일이, 놀라운 디테일이 마침내 승리하는 것을 보았다. 디테일은 틀에서 벗어나서 모든 공간을 차지했다. 이제는 오직 디테일만 남았다. 디테일이 그림의 전부였다. 세계는 오직 그림의 디테일을 통해서만 존재하며, 손전등 덕분에 나는 디테일의 엄청난 특혜를 받았다.

나는 일어서서 램프를 내 주위로 움직였다. 마치 그 변신이 내게 밤을 열어주는 마법의 손전등을 들고 있다는 생각이 들었다. 나는 내가 그토록 깊은 관심을 기울였던 이 그림들을 알아보지 못했다. 그것들은 이제 내 눈에 경계선으로 둘러싸인 표면이 아니라 유색의 자유로운 출현으로 나타났고, 내 시선이 새로운 기쁨으로 탐색하는 무한한 영토를 지닌 행성들로 보였다.

손이 살짝 떨렸다. 이 전시실에서 저 전시실로 옮겨가면서 손전등의 불빛이 더 넓어졌고, 이전 시간에는 보지 못했던 그림의 조각들이 분리되었다. 나는 물줄기에서 빠져나오는 이 크림색 고리를 처음 보았다. 나는 붓의 털들이 떨리는 이 섬세한 물방울의 비를 발견했다. 에리니에스 여신의 몸을 묶은 핀이, 파란색 줄무늬가 있는 담뱃갑이, 탯줄처럼 생긴 전화선이, 바닥에 낸 뚜껑문을 여는 의자 다리가 드디어 보였다. 그것들은 숨어 있던 곳에서 나왔고, 그것들의 존재가 나에게 완전하고 절대적이고 진짜로 주어졌다. 그리고 나는 도움을 찾아 허공을 헤치고 마침내 스위치를 찾은 창백한 잿빛 손을 내 영혼을 다해 바라보았다. 그 손은 내게 말을 했고, 나는 그 손을 체험했다. 그 손은 내게 고독의 흔적과 미로의 밤을 보낸 후 출구를 찾았다는 안도감을 안겨주었다.

그림의 제목을 알 필요도 없었고, 설명문을 읽어볼 필요도 없었다. 그림은 우리의 감각에 직접 다가와 우리에게 존재의 또 다른 차원을 제공하기 때문이다.

나는 라스코에 있었다. 나는 다시 아프리카에 살 때부터 동굴 속으로 들어가서 천장이 파란 새들로 장식된 방에 이르기를 꿈꾸는 그 어린아이가 되었다.

그날 밤, 그림이 벽에서 나왔다. 나는 마치 동굴에서처럼 그림이 내 손전등의 불빛에 나타나도록 했다. 그리고 그것의 존재는 동굴 벽에 사슴과 들소를 그린 갈색과 빨간색 안료 만큼이나 기적적이고 매혹적이었다.

나는 밤은 나의 젊음이라는 것을 문득 깨달았다. 밤은 생각의 도취다.

이 책을 쓰는 동안, 눈을 감기만 하면 그 마법 같은 순간이 가슴 속에서 되살아난다. 내가 그렇게까지 자유로웠던 적은 결코 없었고, 그 자유는 나의 문장들을 통해 더욱 커진다. 내 마음대로 하는 것, 그것이 나의 비결이다. 빛나는 고독에 대한 환상은 한계의 부재로 이어진다. 그림은 우리를 구속하는 것들을 지우는 그 눈부신 지점으로 인도한다. 우리는 우리만의 밤을 통과한다. 그것은 혼돈과 모순으로 가득한 모험이다. 그리고 이 여행의 끝에서 우리는 마침내 우리가 몸을 담그게 될 빛의 강처럼 우리를 데려가는 빛 속으로 들어간다. 모든 것이 입으로 미끄러져 들어가는 와인처럼, 물이자 기름인 그림 자체처럼 흐른다. 존재의 달콤함이 마치 빛처럼 어둠 속에서 분출한다.

벽과 미술관 자체가 사라져 버린 듯한 느낌이 들었다. 그림이 공간을 모두 차지했다. 그림은 내가 숨 쉬는 공기였다.

왜냐하면 나는 팔을 쭉 펴서 손전등으로 어둠을 비추고, 빛에 생명을 불어넣고, 빛과 더불어 색깔과 볼륨, 형태를 탄생시키면서, 나는 동굴과 교회에서 이루어졌고 세상의 모든 아틀리에에서 계속되는 이 아득한 옛날의 몸짓을 반복했기 때문이다. 즉 나는 그림을 그렸다.

그렇다, 나는 팔을 들어서 베이컨의 움직임을 재연하고 있었다. 그것은 어린아이처럼 유치한 행동이기도 했고 또 한편으로는 마법을 부리는 몸짓이기도 했다. 이렇게 해서 나는 이 화가의 분노와 관능을 재발견했다. 나의 붓이자 손전등은 원시의 아라베스크 무늬를 어둠 속에 그렸다. 손목을 굴리자 가장 활기차지만 가장 위험한 비틀림이 손전등에서 나타났다.

웃음이 터져 나왔다. 나는 르로이 메를랭 덕분에 그림을 그린 것이다. 그림의 비밀은 이 두 단어에 담겨 있지 않을까? 나는 웃으면서 이 단어들을 속으로 반복했다. **르로이-메를랭.** 알다시피, 진정한 주권은 마술이다. 그림은 무시무시한 어린이의 놀이인 것이다.

속도를 냈다. 이렇게 그림을 환히 밝히는 것은 신나는 일이었다. 나는 휴대폰으로 음악을 틀었는데, 처음에는 문제를 일으키지 않으려고 작게 틀었다가 볼륨을 조금씩 높였다. 데이빗 보위의 사망 이틀 전에 발매된 마지막 앨범 〈블랙스타〉를 선택했는데, 특히 부활을 노래하는 '라자루스'라는 곡을 골랐다.

나는 이 곡의 가사에 푹 빠져들었다. "위를 보세요. 나는 천국에 있어요." 점점 빠르게 움직였더니, 어둠 속에서 빛이 뛰어올랐다. "나는 왕처럼 살고 있어"라는 가사를 반복하면서 웃었다. 그러자 붉은색 광채가 내 이마를 애무했다. 파란색과 분홍색, 은회색, 올리브 녹색이 번쩍이자 허벅지와 새장, 모래언덕, 블라인드 라인, 그리고 아주 잠깐 여자 스핑크스가 나타났다. 그리고 나는 행복감에 황소 한 마리가 갑자기 둘로 분리되는 거울 속으로 뛰어들었다. 그리고 여기서 나는 그 분리된 부분을 통해 반사되어 황소의 숨을 삼켰다. "나는 너무 높아서 뇌가 소용돌이친다네." 그리고 보도에 핏자국이 나타났다. 나는 그것의 알갱이와 결정을 이렇게 가까이서 본 적이 없다. 꼭 눈물 같았다. 피는 눈물로 이루어져 있다. 믿을 수가 없다. 그리고 여기 자물쇠에 열쇠를 넣고 돌리는 손이 있고, 내 여우의 얼굴을 가로지르는 것과 흡사하게 움푹 들어간 부분과 다시 흐르는 분홍색과 파란색의 섬광이 있다. 그와 더불어 불꽃이 증가하고 각각의 빛이 원자의 불처럼 점화된다. "목소리 꽃 빛 빛의 메아리 어둠 속으로 던져진 폭포." 그리고 즉시 다른 색과 다른 기쁨이 나타난다. 나는 생각했다. 그림 속에서 빙빙 돌며 그림과 합치되는 것은 너무 멋진 일이야. 내 눈이 다시 태어나고 있다. 나는 물질의 움직임과 합쳐져 불붙는 별처럼 빛이 되고, 내 눈은 타오른다. "나는 저 파랑새처럼 자유로워질 거야." 들어라. 부활은 파랑새다. 색들은 밤의 파란색 속에서 잠들었다가 다시 태어난다. 우리가 죽음에서 깨어나는 지점이 있다. 그리고 나는 빙글빙글 돌면서 숨이 끊어질 정도로 달린다. 삶은 우리를 빛으로 전달한다. 그리고 우리는 천체처럼 빛을 발산하기 시작한다. 그러면 우리는 도취된 상태에서 세상이 끊임없이 그림을 그리는 우주의 움직임을 접하게 된다.

블루 베이컨

첫판 1쇄 펴낸날 2025년 2월 3일

지은이 | 야닉 에넬
옮긴이 | 이재형
펴낸이 | 박남주

펴낸곳 | (주)뮤진트리
출판등록 | 2007년 11월 28일 제2015-000059호
주소 | 서울시 마포구 토정로 135 (상수동) M빌딩
전화 | (02)2676-7117 팩스 | (02)2676-5261
전자우편 | geist6@hanmail.net
홈페이지 | www.mujintree.com

ISBN 979-11-6111-138-4 04630
ISBN 979-11-6111-067-7 (세트)

* 책값은 뒤표지에 있습니다.